AF300336

SÉNAT

ANNÉE 1902

SESSION ORDINAIRE

Annexe au procès-verbal de la séance du 11 mars 1902.

RAPPORT

FAIT

Au nom de la Commission des finances, chargée d'examiner le projet de loi, ADOPTÉ PAR LA CHAMBRE DES DÉPUTÉS, **portant fixation du budget général de l'exercice 1902.**

(Ministère des Finances).

PAR M. ERNEST BOULANGER

SÉNATEUR

PARIS

P. MOUILLOT, IMPRIMEUR DU SÉNAT

Palais du Luxembourg

1902

N° 135

SÉNAT

ANNÉE 1902

SESSION ORDINAIRE

Annexe au procès-verbal de la séance du 11 mars 1902.

RAPPORT

FAIT

Au nom de la Commission des finances[1], *chargée d'examiner le projet de loi*, ADOPTÉ PAR LA CHAMBRE DES DÉPUTÉS, **portant fixation du budget général de l'exercice 1902**

(Ministère des Finances),

PAR M. ERNEST BOULANGER

Sénateur.

(1) Cette Commission est composée de MM. MAGNIN, *Président;* Édouard MILLAUD, COMBES, *Vice-Présidents;* Charles DUPUY, Charles PREVET, Antony RATIER, GAUTHIER (Aude), *Secrétaires;* Richard WADDINGTON, César DUVAL, Louis LEGRAND, LABROUSSE, BIZARELLI, Victor MÉRIC, Ernest BOULANGER, BISSEUIL, POIRRIER, DEANDREIS, Victor LEYDET, Maxime LECOMTE, LEGLUDIC, Antonin DUBOST, CABART-DANNEVILLE, GUYOT, PEYTRAL, Gustave DENIS, Franck CHAUVEAU, CUVINOT.

[Voir les n° 116, Sénat, année 1902, et 2331-2632-2657-2839-2870, — 7° législ., — de la Chambre des Députés.)

Le budget du Ministère des Finances a été voté pour l'exercice 1901 avèc des crédits montant à. . . . . 1.520.248.410 fr.

Les crédits alloués par la Chambre des Députés pour l'exercice 1902 s'élèvent à . . . . 1.523.664.349 fr.

Les crédits qui vous sont proposés par la Commission des finances du Sénat sont de. . . . . 1.529.596.909 fr.

Si ces propositions sont adoptées, il en résultera, sur l'exercice précédent, une augmentation de. . . . . 9.348 499 fr.

Les augmentations du budget de l'exercice 1902 se composent principalement des suivantes :

Arrérages de l'emprunt chinois. . 5.962.500 fr.

Pensions militaires de la Guerre . 1.350.000 fr.

Pensions civiles. . . . . 2.300.000 fr.

Achat et transport de tabacs. . . . 3.000.000 fr.

Matériel des manufactures. . . . . 815.000 fr.

Annuité résultant du règlement de l'indemnité pour le rachat du canal du Midi . . . . 3.270.000 fr.

En outre, et malgré les difficultés financières actuelles, la Chambre des Députés a alloué des augmentations à un certain nombre de fonctionnaires ou d'agents. Ces augmentations s'élèvent à 1.022.000 francs. Les employés et ouvriers des manufactures y sont compris pour 909.000 francs.

Les diminutions de dépenses sont malheureusement moins élevées.

Les principales concernent les crédits ci-après :

Rente amortissable . . . . 747.000 fr.

Pensions de la marine. . . .. 120.000 fr.

Pensions du coup d'État . . . . 230.000 fr.

Évaluation du revenu des propriétés non bâties. . . . . 140.000 fr.

On propose de réaliser, en outre, une économie par la prolongation de la durée de l'amortissement des dettes de l'Etat envers la Caisse des dépôts et consignations, économie qui permet de payer en 1902 l'annuité relative au rachat du canal du Midi (3.270.000 fr.) et qui produit sur les autres annuités une réduction de 2.300.000 francs.

Votre Commission n'a pu opérer sur les crédits votés par la Chambre des Députés que de faibles rectifications.

Elle a été frappée du nombre et de l'importance des crédits supplémentaires qui ont dû être votés pour l'exercice 1901. Elle a remarqué qu'il n'a pas toujours été tenu compte de ces crédits pour établir les prévisions du budget de 1902 qui ont été réglés sur les crédits primitifs de 1901. Des observations ont été présentées sur chacun de ces points au Gouvernement, afin de savoir s'il n'y avait pas lieu d'augmenter les prévisions soumises au vote du Sénat. L'administration n'est point entrée dans cette voie, et on verra, dans les différents chapitres du budget, qu'elle déclare se contenter des allocations votées. Nous ne sommes pas convaincus qu'on ne s'expose pas ainsi au retour habituel des crédits supplémentaires. Mais nous ne pouvons qu'en laisser la responsabilité au Gouvernement.

Le budget soumis au Sénat ne renferme que deux réformes d'ordre général.

La première a pour objet l'unification des dettes de l'Etat envers la Caisse des dépôts et consignations et la substitution d'une seule annuité aux annuités diverses inscrites au budget. Cette opération a pour conséquence la prolongation de durée de l'amortissement de plusieurs dettes. Il en est rendu compte dans le chapitre qui les concerne.

La seconde mesure consiste dans la réouverture du Grand Livre de la dette publique pour l'émission de 7 millions 950.000 francs de rentes 3 0/0 destinées au règlement des dépenses de l'expédition chinoise. La question de l'amortissement de cet emprunt fait l'objet d'un projet de loi spécial qui donnera lieu à un rapport particulier de la Commission des finances.

Première partie. — Dette publique.

La dette consolidée (3 1/2 et 3 0/0) nécessite un crédit total pour 1902 de 681.605.559 francs. Elle a, depuis 1869, augmenté de 460 millions par suite des emprunts successifs contractés à partir du 12 août 1870 jusqu'à ce jour. Les conversions l'ont diminuée de 102 millions, et des opérations d'amortissement l'ont également réduite de 23 millions.

Le capital de ce fonds consolidé a passé de 11 milliards 178 millions en 1869 à 22 milliards en 1901.

Chapitre premier. — *Rente 3 1/2 0/0.* (Loi et décret du 17 janvier 1894.)

Crédit voté en 1901 . . . . 237.388.396 fr.

Crédit proposé par la Commission du budget, voté par la Chambre des Députés et proposé au Sénat . . . .. . 237.388.289 fr.

Ce fonds d'État provient de l'ancien 5 0/0 émis en 1871 pour la libération du territoire. Il a été converti deux fois, en 4 1/2 et en 3 1/2, par des réductions qui ont produit un bénéfice de 102 millions de francs.

Ce fonds peut être de nouveau converti en 1902. C'est au Gouvernement qu'il appartient de prendre l'initiative de l'opération.

La réduction de 167 francs dont bénéficie l'exercice 1902 provient de rentes acquises par l'État et annulées.

Chapitre 2. — *Rentes 3 0/0.*

Crédit voté en 1901. . . . . 438.269.454 fr.
Crédit voté par la Chambre des Députés. . 438.254.770
Crédit proposé au Sénat. 444.217.270

Différence en plus sur 1901.   5.947.816 fr.

Une diminution de 14.684 francs est la conséquence de l'annulation de rentes définitivement acquises à l'État.

Mais un récent emprunt contracté pour le règlement de l'indemnité due par la Chine a augmenté le montant de la dette de 7.950.000 francs. Le Gouvernement et la Chambre ont proposé d'annuler une somme égale de rentes prises dans le portefeuille des Caisses d'épargne privées. Cette proposition n'a pas été adoptée par votre Commission. En attendant que le Sénat ait délibéré sur ce projet, il y a lieu d'inscrire au chapitre 2 les arrérages à échoir en 1902. Ces arrérages s'appliquent à trois trimestres et montent à 5 millions 962.500 francs.

Chapitre 3. — *Rentes 3 0/0 amortissables par annuités* (Loi du 11 juin 1878, décret du 16 juillet 1878.)

Crédit voté en 1901. . . . . 138.898.338 fr.
Crédit voté par la Chambre des Députés et
     proposé au Sénat. 138.150.903

Différence en moins de. . . .   747.435 fr.

représentant les intérêts de rentes appartenant aux séries amorties par les tirages de 1900 et 1901

Nous renouvelons l'observation contenue dans nos rapports précédents. : à. savoir que .le jeu. de l'amortissement fera doubler d'une année à l'autre, en 1908, l'annuité budgétaire de cet amortissement, et que, dans les années 1925, 1936, 1947 et 1951, il y aura des augmentations considérables de nature à peser très lourdement sur les exercices.

CHAPITRE 4. — *Amortissement de la rente 3 0/0 (Annuité à la Caisse des Dépôts et Consignations.)*

Crédit voté par la Chambre . . . .   37.492.006 fr.

Crédit proposé au Sénat . . . .   37.492.006 fr.

Ce chapitre avait reçu en 1900 une dotation de 37.276.000 francs pour le remboursement du solde des obligations sexennaires : aucune obligation en l'espèce ne venant à échéance en 1901, le crédit n'avait plus de cause. On y a substitué une annuité de 37.492.006 francs, pour commencer l'amortissement d'une rente 3 0/0 de 16.500.000 francs, cédée au Trésor par la Caisse des dépôts et consignations, moyennant 20 annuités égales de 37.492.006 francs.

Il a été rendu compte de cette opération dans les observations générales du rapport de 1901.

La partie de l'annuité afférente à l'amortissement est de 21.452.313 fr. 12. Les autres amortissements compris dans les annuités terminables sont de 68.302.687 francs. De sorte que le total des amortissements en 1902 est de 89.755.000 francs. Il s'élevait à 91.634.900 francs l'année dernière.

Chapitre 5. — *Intérêts des obligations à court terme pour le compte spécial de perfectionnement de l'armement. (Loi du 17 février 1898.)*

Crédit voté en 1901. . . . . 4.908.800 fr.

Crédit voté par la Chambre et proposé au
Sénat . . . . 4.908.800 fr.

Les lois des 17 février et 29 décembre 1898, qui ont créé le compte spécial, autorisaient l'émission d'obligations à court terme pour 195.920.000 francs. Jusqu'à présent, il n'en a été émis que pour 169.720.000 francs, dont les premières ont dû être renouvelées. Elles sont aux échéances suivantes :

1er juillet 1902. . . . . . . 59.160.000 fr.
1er septembre 1902 . . . 30.000.000
1er juin 1903. . . . . . . 18.000.000
1er juillet 1903. . . . . . 62.560.000

169.720.000 fr.

Le crédit du chapitre 5 est destiné au payement des intérêts de ces emprunts.

Les dépenses du compte se sont élevées à ce jour au chiffre de 197.325.000 francs, sur les 203.286.987 fr. 50 de crédits ouverts depuis 1898.

La différence a été comblée à l'aide des ressources générales du Trésor : mais les recettes qui devaient servir de contre-partie à la dépense et qui sont pour la presque totalité le prix de vente des fortifications de Paris, sont encore attendues. Elles ne s'élèvent à ce jour qu'au chiffre de 1.739.000 francs et il est difficile d'espérer qu'elles seront réalisées en 1902.

On remarquera, en outre, que le remboursement des échéances de 1902, s'élevant ensemble à 59.160.000 francs, n'est assuré par aucun crédit. La dotation qui servait autrefois au service de l'amortissement des obligations de l'espèce a disparu en 1901, comme nous l'avons expliqué au chapitre précédent. Il sera donc nécessaire de procéder, sous la meilleure forme possible, au renouvellement des titres échus, et il en sera nécessairement ainsi, aussi longtemps que le crédit spécial ne sera pas rétabli ou que les recettes attendues ne viendront pas réduire effectivement la dette.

CHAPITRE 6. — *Annuités aux Compagnies de chemins de fer pour garanties d'intérêts de 1871 et 1872.*

Crédit voté en 1901. . . . . 2.482.500 fr.

Crédit voté par la Chambre des Députés et
proposé au Sénat. . . . . 2.482.303 fr.

Cette annuité est due pour le remboursement des garanties d'intérêts non payées en 1871 et 1872 et s'élevant à 40.343.359 fr. 63. Cette somme a été obtenue par l'État au moyen d'obligations dont le service exige l'annuité de 2.482.500 francs (exactement 2.482.303 fr.). Elle durera jusqu'en 1959 pour l'Est, en 1951 pour l'Orléans, en 1954 pour le Paris-Lyon-Méditerranée et en 1957 pour le Midi.

L'annuité sera réduite :

En 1951, à . . . . 1.932.680 fr. 33
En 1954, à 1.391.457 93
En 1957, à 954.607 40
En 1959, à 308.274 70
En 1960, à . . . . Néant.

L'annuité comprend :

Intérêts . . . . 2.410.723 fr.
Amortissements. 71.777

Cette dette est très lourde, à cause du taux élevé de l'intérêt. Mais, dans l'état actuel des choses, il paraît difficile d'en obtenir la conversion (1).

On inscrivait antérieurement un chiffre rond de 2.482.500 francs. La dépense réelle étant de 2.482.303 francs, il a paru plus exact de faire figurer ce chiffre dans le budget.

CHAPITRE 7. — *Annuité à la Compagnie des chemins de fer de l'Est.* (Loi du 17 juin 1873.)

Crédit voté en 1901 . . . . 20.500.000 fr.

Crédit voté par la Chambre des Députés et proposé au Sénat . . . . 20.500.000 fr.

L'annuité de de 20.500.000 francs (Intérêts 19 millions 842.056 fr. 07 et amortissement 657.943 fr. 93) est due à la Compagnie de l'Est jusqu'à la fin de sa concession, pour prix du réseau d'Alsace-Lorraine cédé à l'Allemagne, moyennant 325 millions (lors du traité de Francfort) et admis en déduction de l'indemnité de guerre de 5 milliards. (Loi du 17 juin 1873.)

Cette annuité ne prendra fin qu'au terme de la concession, en 1954.

CHAPITRE 8. — *Annuité à la Compagnie des chemins de fer de Paris-Lyon-Méditerranée.* (Loi du 29 février 1898.)

Crédit voté en 1901 . . . . 2.546.000 fr.

Crédit voté par la Chambre des Députés et proposé au Sénat . . . . 2.546.000 fr.

---

(1) Voir le rapport dela Commission des finances du Sénat sur le budget de 1897 et ceux de la Commission du budget de la Chambre de 1893, page 112, de 1894, page 9, de 1895, page 66, et de 1901, page 120.

Cette annuité, inscrite en vertu de la convention du 14 juin 1897, approuvée par la loi du 18 février 1898, est payable jusqu'au 31 décembre 1958. Elle ne peut être décomposée en capital et intérêts, étant donné qu'elle a pour objet de compenser les insuffisances du produit de la ligne du Rhône au Mont-Cenis, qui étaient auparavant remboursées à la Compagnie par la garantie d'intérêt. Une annulation égale a eu lieu au Ministère des Travaux publics au titre de la garantie d'intérêts. Le capital amorti au 1er janvier 1902 est de 1.870.117 fr. 70. Le capital restant à amortir est de 65.684.660 fr. 20.

CHAPITRE 9. — *Annuités à la Compagnie d'Orléans pour les lignes échangées entre elle et l'État.*

Crédit voté par la Chambre des Députés et proposé au Sénat. . . . . 2.348.000 fr.

Ce crédit est la conséquence de la convention approuvée par la loi du 20 novembre 1883 au sujet de l'échange de lignes entre l'État et la Compagnie d'Orléans. Cette convention porte que si les lignes cédées par la Compagnie donnent un produit net supérieur à celui des lignes cédées en échange par l'État, l'État versera à la Compagnie, jusqu'à l'expiration de la concession, une annuité égale à la différence des produits nets. Cette hypothèse s'est réalisée. La différence des produits nets a été en faveur des lignes cédées par la Compagnie. Jusqu'à l'exercice 1900, l'annuité a figuré au budget des Travaux publics. Mais elle s'est trouvée fixée par le rapport de la Commission de vérification des comptes à la somme de 2.348.000 francs. Ce rapport a reçu l'approbation du Ministre des Travaux publics et du Ministre des Finances.

En exécution de la loi du 3 août 1874, elle a dû dorénavant figurer au budget du Ministre des Finances.

Le règlement de cette annuité a cependant donné lieu,

à la Chambre des Députés, à des· critiques qui ont été constamment repoussées par la Commission de la Chambre. En dernier lieu, la suppression en a été demandée, lors de la discussion du budget actuel, par un amendement tendant à faire porter la question au Conseil d'État, au contentieux. Mais cet amendement a été repoussé. En l'état des choses, rien ne doit empêcher le vote actuel du crédit qui est proposé par le Gouvernement et qui a été admis par la Chambre des Députés.

CHAPITRE 10. — *Remboursement de la dette du Trésor vis-à-vis de la Caisse des dépôts et consignations, au 1ᵉʳ janvier 1902.*

Crédit voté par la Chambre des Députés. .   48.265.038 fr.

La Caisse des dépôts et consignations a fait au Trésor de fréquentes avances dont le remboursement a été réglé par des annuités terminables à échéances diverses.

Au nombre de ces avances se trouvent :

1° Les sommes remises pour la conversion de l'emprunt Morgan, s'élevant à l'origine à 341.198.631 francs, et aujourd'hui réduites par l'amortissement à 174 millions 250.384 fr. 57. L'avance est représentée par des obligations 3 0/0 remboursables au moyen de demi-annuités payables les 1ᵉʳ mars et 1ᵉʳ septembre de chaque année jusqu'au 1ᵉʳ septembre 1914.

2° Les sommes payées pour suppléments de pensions aux anciens militaires et marins et à leurs veuves (Loi du 18 août 1881). Ces avances sont remboursées au moyen d'annuités qui sont, depuis 1898, de 8.842.000 francs et sont payées trimestriellement. Le total des avances, y compris les intérêts à 4 0/0, s'est élevé à 272.755.009 fr. 89 que les remboursements effectués ont réduit actuellement à 86.743.519 fr. 89.

3° Les sommes remises pour la liquidation des caisses vicinale et scolaire (loi du 27 décembre 1894), ainsi que pour le règlement des dépenses des expéditions de Madagascar et du Siam (lois des 7 décembre 1894, 25 avril 1896 et 8 janvier 1897). Ces avances, s'élevant ensemble au 1er janvier 1902 à 499.163.721 fr. 79, sont représentées par des obligations 3 0/0 amortissables au moyen de demi-annuités payables les 16 juin et 16 décembre, jusqu'au 16 décembre 1923.

Ces trois avances montent, au 1er janvier 1902, à un capital de 755.131.659 fr. 24.

La loi du 27 novembre 1897 a, en outre, autorisé le Ministre des Finances à se faire avancer, par la Caisse des dépôts et consignations, pour remettre à la Compagnie du Midi, comme indemnité de rachat, une rente de 750.000 fr. 3 0/0, jouissance du 1er juillet 1898. Elle a stipulé que l'avance serait amortie en dix annuités au taux de 3 0/0. Le capital de l'avance a été calculé à 25.450.700 francs au cours moyen des mois de décembre 1900, janvier et février 1901, non compris les arrérages courus du 1er juillet 1898 au 1er janvier 1902, montant à 2.625.000 francs.

En ajoutant cette avance totale de 28.075.700 francs aux avances ci-dessus de 755.131.659 fr. 24, on obtient un total de 783.207.359 fr. 24.

Le remboursement de ces avances était assuré par les amortissements déjà inscrits au budget pour les trois premières et montant à 56.780.025 francs et par l'amortissement de 3.270.578 francs à inscrire au budget de 1902 pour l'avance concernant le canal du Midi. Le total des crédits s'élevait ainsi à 59.050.603 francs.

Mais l'annuité de l'emprunt Morgan (15.792.409 francs) disparaissait le 1er septembre 1914.

Celle des caisses vicinale et scolaire (25.961.076 francs) et celle des expéditions de Siam et de Madagascar (5 millions 184.540 francs) prenait fin le 16 décembre 1923;

Enfin la dernière, relative au canal du Midi (3 millions 270.578 francs) devait s'éteindre en 1908 ;

La Chambre, sur la demande du Gouvernement, a décidé que l'amortissement de l'emprunt Morgan serait prolongé de neuf années et celui du canal du Midi de quinze années. Ces deux amortissements ne prendront fin, comme ceux des caisses scolaire et vicinale et des avances de Madagascar et du Siam, qu'en 1923.

Cette prolongation de la durée de l'amortissement a pour conséquence nécessaire de diminuer l'importance de cet amortissement pour les exercices 1902 à 1923 et par suite de réduire l'importance des crédits à demander sur les exercices 1902 et suivants. La différence entre les crédits d'amortissement serait, pour 1902, de 10.162.174 francs. Mais comme les arrérages des pensions militaires seront désormais servis par le Trésor, au lieu de continuer à l'être par la Caisse des Dépôts et Consignations, il y a lieu d'inscrire au titre de la dette viagère un crédit spécial de 5 millions 200.000 francs pour cet objet. L'économie se trouve ainsi ramenée à 4.962.174 francs.

Elle permet de faire face au crédit de 3.270.578 francs devenu nécessaire en 1902 pour le réglement du canal du Midi. Il reste même un excédent de près de 1.700.000 francs dont profite l'ensemble du budget.

Pour l'exercice 1902, l'économie s'augmente même de 623.392 francs pour les causes suivantes :

Les échéances des nouvelles demi-annuités à remettre à la Caisse des Dépôts et Consignations ont été fixées aux 16 mai et 16 novembre.

Toutefois la première annuité à payer le 16 mai 1902 devra être réduite de la portion d'intérêts comprise entre le 16 novembre 1901 et le 16 mai 1902 que la Caisse des Dépôts aura déjà reçus sur les anciennes annuités annulées ; de même, elle devra être augmentée de la portion d'intérêts antérieurs au 16 novembre 1901 non perçus sur l'annuité Morgan.

Ces diverses rectifications se décomposent comme suit :

	En moins.	En plus.
Pour les caisses vicinale et scolaire, à déduire un mois d'intérêt (16 novembre à 16 décembre) sur 415.670.721 fr. 79.........	1.039.176 fr. 80	»
Pour l'expédition de Madagascar, même correction sur 83.493.000 francs...........	208.732 50	»
Suppléments de pensions militaires, à déduire un mois et demi d'intérêts (16 novembre au 31 décembre) sur 87.000.000 fr.	326.250 »	»
Pour la cession de rente faite avec jouissance du 1er janvier 1902 et le versement en espèces de 2.625.000 francs, même correction sur 28.075.700 francs...........	105.283 87	»
Pour l'emprunt Morgan, à ajouter deux mois et demi d'intérêts (du 1er septembre au 16 novembre) sur 168.967.937 fr. 45.....		1.056.049 fr. 60
	1.679.442 fr. 17	1.056.049 fr. 60
Soit en moins.............	623.392 fr. 57	

Au fond, la combinaison dont il s'agit a pour but principal de diminuer le poids des amortissements imposés aux exercices 1902 et suivants pour le service des obligations remboursables détenues par la Caisse des dépôts et consignations. C'est donc, sous une forme particulière, une diminution de l'amortissement, déjà si faible, inscrit dans nos budgets. On peut regretter que la difficulté d'assurer l'équilibre financier de 1902 ait rendu cette combinaison nécessaire. Il serait d'un très fâcheux effet qu'elle serve de précédent et de justification pour d'autres tentatives pareilles.

Chapitre 11. — *Remboursement à la dette flottante des avances faites pour la liquidation des caisses des chemins vicinaux, des lycées, collèges et écoles primaires.*

Crédit voté par la Chambre des Députés et proposé au Sénat............ 3.728.173 fr.

Indépendamment des avances faites par la Caisse des dépôts et consignations pour la liquidation des caisses scolaire et vicinale, et dont le remboursement fait l'objet du chapitre précédent, la dette flottante est restée créancière de sommes qu'elle éteint annuellement au moyen d'une partie du crédit total inscrit dans les budgets antérieurs et qui s'élèvent, pour 1901, à 29.694.249 francs. Il n'a pas paru expédient, à raison des avances considérables déjà obtenues à la Caisse des dépôts et consignations, de lui en demander de nouvelles pour le solde de ce compte. Le crédit porté au présent chapitre servira à faire le remboursement d'ici à 1923. Les intérêts du capital figurent au chapitre de la dette flottante.

CHAPITRE 12. — *Annuité pour construction destinée au service de l'Intendance.*

Crédit voté en 1901. . . . . 24.250 fr.

Crédit voté par la Chambre et proposé au Sénat. 24.250 fr.

Cette annuité, qui doit prendre fin le 1er janvier 1906, est le résultat d'un emprunt contracté le 8 mai 1876, sans autorisation, par M. le Ministre de la Guerre, vis-à-vis d'un particulier, pour valeur d'un terrain destiné à la construction d'un immeuble pour le service de l'intendance militaire à Lyon, et pour le remboursement d'une avance de 160.000 francs devant servir aux dépenses de construction de cet immeuble.

Le capital amorti est, au 1er janvier 1902, de 267.582 fr.

Le capital restant à amortir est de 105.218 francs.

Le taux d'intérêt étant de 5 0/0, il est désirable que le remboursement s'opère dans un bref délai.

CHAPITRE 13. — *Redevance annuelle envers l'Espagne pour droit de dépaissance sur les deux versants de frontière des Pyrénées. (Traité du 2 décembre 1856.)*

Crédit voté en 1901. . . . .   16.500 fr.

Crédit voté par la Chambre et proposé au Sénat.   16.500 fr.

Cette dotation comprend une redevance fixe de 8.000 francs pour prix du bail perpétuel des herbages et des eaux du versant septentrional de la montagne des Adultes (art. 15 du traité de délimitation conclu le 2 décembre 1856), et une indemnité calculée en raison des têtes de bétail, pour droit de dépaissance sur le versant méridional.

Le crédit, primitivement fixé à 20.000 francs, a été réduit à 16.000 francs en 1894, à la suite des payements réellement effectués pendant les exercices précédents.

Il a été augmenté en 1901 de 500 francs pour éviter le crédit supplémentaire d'égale somme qui était demandé à chaque exercice.

CHAPITRE 14. — *Annuités aux Compagnies de chemins de fer.*

Crédit voté en 1901 . . . .   41.830.133 fr.
Crédit voté par la Chambre des Députés et proposé au Sénat . . . .   41.829.977 fr.

En plus. . . . .   156 fr.

Ce chapitre se décompose en deux articles :

ARTICLE PREMIER. — Subventions payables en annuités.

ART. 2. — Avances par les Compagnies.

Subventions. — Depuis 1863 jusqu'aux conventions de 1883, il est intervenu entre l'État et les Compagnies de chemins de fer des traités législativement approuvés aux termes desquels l'État a chargé les Compagnies de se procurer les fonds nécessaires au payement des subventions promises par le Trésor, montant à 640.703.605 francs, et il s'est engagé à les rembourser au moyen d'annuités comprenant l'intérêt et l'amortissement.

Le total de ces annuités s'élève à 29.635.813 francs.

Le taux de ces emprunts indirects a été fixé originairement à forfait. Il est de 4 1/2, 4 53, 4 67, 4 70 et même 5 0/0.

Les Compagnies ont émis, pour se procurer les fonds, des obligations à des taux d'intérêts différents et généralement inférieurs. Mais il n'y a aucune relation juridique entre ces deux opérations et on a pu dire que, si lourd que soit l'intérêt à la charge de l'État, on ne peut l'alléger par une conversion obligatoire. La question est, dans tous les cas, des plus délicates, aussi longtemps du moins que les Compagnies de chemins de fer ne convertiront pas elles-mêmes les obligations qui sont la représentation de leurs avances (1).

Le service des annuités doit être continué, sauf décroissement, jusqu'à la fin des concessions (de 1950 à 1960.)

Avances. — L'État a également demandé aux Compagnies, aux mêmes époques, de lui avancer les fonds nécessaires à l'exécution des travaux qu'il se proposait d'exécuter lui-même sur certaines lignes. Il s'est engagé à rembourser l'avance par des annuités comprenant l'intérêt et l'amortissement.

---

(1) Rapport de la Commission du budget de la Chambre sur les années 1891, 1895, 1898 et 1900. — Rapport général de la même Commission, p. 52. Des émissions nouvelles réservent formellement la clause de conversion.

,Le taux de l'intérêt est également très lourd. Il varie de 4 1/2 à 5 17 0/0.

Le montant des annuités de l'espèce s'élève à 12 millions 194.320 francs. Leur service durera jusqu'à 1958, avec la réduction résultant des amortissements.

Les Compagnies ont employé, pour se procurer des fonds le même procédé que pour les subventions.

Le total du crédit de 41.829.977 francs se décompose ainsi :

                Intérêts . . . .   38.298.765 fr. 41
                Amortissement. 3.531.217   59

Le capital restant à amortir au 1ᵉʳ janvier 1902 s'élève à 841.228.138 fr. 08. Les sommes antérieurement amorties ne sont que de 56.707.420 fr. 19.

CHAPITRE 15. — *Rachat des concessions de canaux.*
(Lois des 28 juillet et 1ᵉʳ août 1830 et 20 mai 1863.)

Crédit voté en 1901 . . . .   311.244 fr.
Crédit voté par 'la Chambre et proposé au
    Sénat . . . .   297.027 fr.
                Différence en moins. . . . .   14.217 fr.

Les canaux d'Orléans et du Loing ont été rachetés par l'État en vertu de la loi du 20 mai 1863.

Les actions de ces canaux, au nombre de 1.400 à l'origine, ont été affectées par Napoléon à des dotations.

Ces actions sont reversibles de mâle en mâle par ordre de primogéniture. A défaut d'enfants mâles, elles sont transmissibles aux filles des dotataires, sous la condition par elles d'épouser, avant trente ans, des militaires en retraite par suite « d'honorables blessures ou d'infirmités contrac tées à la guerre ». (Décrets des 1er mai 1808 et 3 janvier 1812.)

Lorsque ces actions ont cessé d'être reversibles, elles sont constituées en annuités de rachat.

En vertu de la loi du 20 mai 1863, les actions converties ne s'éteignent que trente ans après leur conversion.

Aux termes de l'article 4 de cette loi, « une somme de 571 fr. 42, représentant les intérêts au taux de 5 0/0 de celle de 11.428 fr. 57 revenant à chacune des 1.400 actions, est acquise à partir du 1er septembre 1860, et jusqu'au jour où elle fera retour aux nu-propriétaires, à chacune des actions dont la jouissance est affectée à une dotation. »

L'article 2 stipule « que chaque action a droit à un quatorze centième de la somme de 16 millions affectée par l'article premier au rachat des droits attribués à la Compagnie des canaux, et qu'une annuité de 660 fr. 91, valeur au 1er septembre 1860, est acquise pendant trente ans à chacune des actions possédées à titre privé à cette époque. »

Le retour d'une action aux nu-propriétaires donne, par conséquent, lieu à l'inscription d'une annuité trentenaire de 660 fr. 91, soit une somme supérieure de 89 fr. 49 au montant de la dotation reversible.

Sur le nombre total d'actions (1.361) restant après le rachat des canaux, 865 ont été entièrement remboursées. Au 1er janvier 1902, il n'en restera plus en payement que 496. Sur ces dernières, 142 sont représentées par des annuités de rachat . . . . 93.849 fr. 22

344 sont affectées à des dotations de 571 fr. 42   202.282   68

On prévoit en 1898 et 1899 la conversion de 10 dotations en annuités de rachat, d'où résulte un excédent de dépense de . .   894   90

Ensemble. . . . . 297.026 fr. 80

Chapitre 16. — *Arrérages de cartelles appartenant à des établissements ecclésiastiques de Savoie.*

Crédit voté par la Chambre des Députés et proposé au Sénat. . . . . 9.900 fr.

Le Conseil d'État, par un arrêt du 8 août 1896, a reconnu l'État débiteur envers le Chapitre et l'Église cathédrale de Saint-Jean-de-Maurienne, d'une rente perpétuelle de 9.900 francs, représentant les traitements attribués aux chanoines par la législation sarde. La dette étant maintenant certaine, il y a lieu de la comprendre dans le budget.

Chapitre 17. — *Intérêts de la dette flottante du Trésor.*

Crédit voté en 1901. . . . . 15.528.500 fr.

Crédit voté par la Chambre des Députés. . 15.528.500 fr.

Crédit proposé au Sénat. . . . . 15.410.500 fr.

En moins. . . . . . 118.000 fr.

Le rapport de la Commission des finances sur le budget de 1899 indique les éléments de la dette flottante et les causes du crédit qui sert à payer les intérêts.
Pour 1902, les prévisions ont été ainsi calculées par l'Administration :

Communes et établissements publics. . . 4.790.300 fr.
Divers correspondants. 8.140.000
Bons du Trésor. 2.000.000
Escompte des traites de coupes de bois. . 16.800
Intérêts pour les comptes courants des tré-
soriers généraux. . . . . , . . 581.400

15.528.500 fr.

Mais il ne s'agit là que d'une prévision, et c'est le mouvement des comptes ou des émissions, suivant les besoins nécessairement inconnus aujourd'hui de la Trésorerie pendant l'année, qui déterminera le montant exact de la dépense.

En 1900, les dépenses réelles se sont élevées à . . . .   17.362.000 fr. »

En 1901, les crédits votés montaient à   15.528.500   »

Mais il vient d'apparaître une insuffisance de . . . .   1.626.401 fr. 86 qui fait l'objet d'une demande de crédit supplémentaire et qui porte le crédit total de 1901 à . . . .   17.154.901 fr. 86

Cette insuffisance a deux causes principales :

La première provient de l'élévation du compte courant de la ville de Paris qui s'est augmenté sous l'empire des circonstances diverses et qui a nécessité le payement d'intérêts supérieurs à ceux qu'on a pu prévoir.

Cette majoration des comptes courants figure pour plus de 300.000 francs dans l'insuffisance budgétaire.

La seconde cause résulte de l'augmentation des bons du Trésor. Pour tenir compte du déficit dans le rendement des impôts et d'autres dépenses imprévues, il a été nécessaire de négocier un plus grand nombre de bons que la moyenne habituelle. Ces bons se sont élevés jusqu'à 316 millions. L'intérêt payé s'est accru d'une somme de 1.319.358 fr. 35.

Nous sommes donc, aujourd'hui pour 1901, en présence d'une dépense réelle de 17.154.901 fr. 86 et le Gouvernement ne demande pour 1902 qu'un crédit de 15.528.500 fr.

L'insuffisance paraît manifeste.

A l'heure actuelle, les difficultés de la Trésorerie sont loin d'être aplanies. L'emprunt récent de 265 millions a servi pour 194 millions au payement des dépenses de l'expédition de Chine et il a été employé 56 millions aux besoins courants, il ne reste plus à recevoir qu'un solde de 15 millions.

D'un autre côté, il serait téméraire de penser que les majorations vont reparaître promptement dans nos recettes publiques. Les raisons qui les ont atténuées ne cesseront pas aussi rapidement.

L'encaisse de la Banque est faible. Il ne dépassait pas 125 millions le 5 mars, alors que la moyenne des années antérieures était de 300 millions. Les Bons du Trésor en circulation (240 millions) excèdent donc de 115 millions le chiffre de l'encaisse.

Enfin, il faut remarquer que le Trésor est exposé à payer sur ses disponibilités courantes des dépenses assez nombreuses déjà connues et les indemnités dues aux victimes de l'insurrection chinoise, indemnités pouvant s'élever à 60 millions. D'autre part, si les comptes courants nouveaux diminuent comme on l'espère, cette diminution produira des retraits auxquels l'État devrait faire face par l'accroissement des Bons du Trésor. Enfin il est accordé au Gouvernement l'autorisation de faire une émission nouvelle de 69 millions d'obligations sexennaires destinés à l'équilibre et dont il faudra payer les intérêts.

Nous n'apercevons donc, dans les éléments de la situation de la Trésorerie, aucune raison de penser qu'elle échappera en 1902 aux augmentations de dépenses qui sont maintenant constatées pour 1901. Il nous eût paru prudent, dans l'intérêt de la vérité des choses, d'augmenter le crédit afin de prévenir le crédit supplémentaire qui semble inévitable.

Le Gouvernement ne partage pas cette appréciation. Il se croit fondé à penser que l'augmentation des recettes lui procurera des disponibilités en 1902, et que certaines majorations de dépenses ne se reproduiront pas. Il déclare se contenter, pour l'exercice prochain, du crédit de 15 millions 528.500 francs voté par la Chambre des Députés.

Votre Commission lui laisse la responsabilité de cette confiance. Elle ne se croit pas autorisée à augmenter d'office le chiffre de la dépense du budget courant par un relèvement du crédit que le Ministre repousse.

Le Ministre avait proposé, dans le projet de budget, de réduire à 1 1/2 0/0 les intérêts du compte courant des caisses d'épargne ordinaires. Il en devait résulter une diminution de dépense de 500.000 francs. La Commission du budget a repoussé cette proposition. Le Ministre l'avait reproduite dans son budget rectifié du 17 décembre 1901. Mais la Commission a maintenu son rejet, et la Chambre a voté le crédit de 15.528.500 francs proposé par sa Commission.

Les motifs que l'on peut invoquer pour justifier ce vote sont les suivants :

Actuellement, il n'est pas à craindre que la réduction de 500.000 francs dans l'intérêt du compte courant des caisses d'épargne amène la diminution du taux servi aux déposants. Ce taux est encore assuré par le revenu général du portefeuille ; mais à mesure que se font les placements nouveaux, ils ont lieu, par suite de la baisse générale de l'intérêt, à des conditions de moins en moins favorables, de sorte que l'on peut prévoir le moment où le revenu total du portefeuille ne suffira plus pour assurer le maintien du taux actuel. La réduction proposée par le Gouvernement rapprocherait cette époque, puisque le produit du portefeuille serait dès maintenant diminué d'un demi-million. Or, la réduction du taux d'intérêt à servir aux déposants est une question grave qui peut avoir des répercussions de plus d'un genre et qu'il ne faut pas engager indirectement par une diminution de crédit. Les 500.000 francs que le budget continuera à payer, viendront en augmentation du fond de réserve des caisses d'épargne. Si élevé qu'il puisse être, il n'est pas indifférent de le laisser s'accroître pour parer aux éventualités de remboursements aussi considérables que celles dont nos caisses pourraient être menacées.

On peut faire remarquer accessoirement que c'est en vertu d'une disposition légale que les Caisses d'épargne sont obligées d'avoir un compte courant au Trésor. Si cette obligation n'existait pas, elles pourraient obtenir de leurs fonds libres, par des placements particuliers, soit même par un achat direct de rente, un revenu supérieur à 2 0/0. Il ne serait donc pas juste de leur faire subir, encore aujourd'hui, une réduction nouvelle.

Ces considérations ne sont pas sans réplique.

Le principe auquel il faut essentiellement s'attacher est que l'intérêt dû aux déposants ne peut être déterminé que par le revenu des valeurs du portefeuille lui-même, et qu'en aucun cas, sous aucun prétexte, il ne doit s'y joindre nulle subvention de l'État. Toute théorie contraire serait extrêmement périlleuse pour les finances publiques et en opposition avec la justice distributive de l'impôt. Or le maintien du taux actuel de 2 0/0 pour les dépôts de fonds reçus des Caisses d'épargne, alors que le Trésor peut le réduire à 1 1/2 0/0, comme il a réduit les comptes courants des établissements publics, équivaut à certains égards à une subvention indirectement fournie par le Trésor. Dès lors que l'état du marché et les conditions générales de la Trésorerie amènent une diminution graduelle du taux d'intérêt de ces sortes de dépôts, il n'y aurait aucune raison de soustraire à leur application les comptes courants des Caisses d'épargne.

Il se peut que des modifications utiles doivent être apportées à la loi organique sur les fonds libres et sur les comptes courants. Mais c'est là une question différente dont la solution ne semble pas devoir précéder nécessairement celle de la réduction du taux d'intérêt dû par le Trésor.

Néanmoins, le Gouvernement n'estime pas que l'occasion soit maintenant opportune pour demander au Sénat un vote contradictoire à celui de la Chambre des Députés. La Commission des finances partage ce sentiment. Mais la solution ne saurait être considérée que comme ajournée à un des budgets postérieurs.

Une proposition de résolution avait été présentée à la Chambre des Députés pour autoriser les Caisses d'épargne à faire leurs placements en Bons du Trésor. L'utilité de la mesure est des plus contestables, puisque l'intérêt des Bons du Trésor est sensiblement inférieur à celui des autres placements autorisés. Le motif qui a été allégué et qui consisterait à permettre au déposant dont le livret dépasse 1.500 francs, de se faire ouvrir pour le surplus une sorte de compte courant de banque servant au règlement de ses affaires courantes, paraît s'écarter de l'économie même de la législation organique des Caisses d'épargne. Le Ministre a cependant promis de faire étudier la réforme et la proposition de restriction a été retirée.

Dans le crédit destiné au payement des intérêts de la dette flottante se trouve l'allocation attribuée aux trésoriers généraux pour le service de leurs comptes courants. Nous vous proposons de diminuer cette allocation d'une somme de 118.000 francs montant de l'économie à réaliser sur les émoluments des trésoriers. Les causes de cette mesure sont indiquées au chapitre 52 ci-après.

CHAPITRE 18. — *Intérêts de capitaux de cautionnement.*
(Loi du 13 avril 1898.)

Crédit voté en 1901. . . . . 6.850.000 fr.

Crédit voté par la Chambre des Députés et
    proposé au Sénat. . . . . 6.690.000 fr.

Le crédit demandé dans le projet de budget
    était de. . . . . 6.760.000 fr.
D'après l'état des inscriptions au 18 septem-
    bre 1901, le Gouvernement estime
    qu'il y a lieu de réduire 70.000

Reste. . . . . . 6.690.000 fr.

La diminution résulte de la réduction des capitaux de cautionnement en numéraire et de leur remplacement par des cautionnements en rentes. (Loi du 13 avril 1898.)

Dette viagère.

La dette viagère, c'est-à-dire l'ensemble des pensions, absorbe aujourd'hui 260 millions de francs sur les crédits du Ministère des Finances,

Cette dette se compose de deux principaux éléments : les pensions civiles et les pensions militaires.

Les pensions militaires constituent la majeure partie de la dépense. Elles s'élèvent, pour la guerre à 98.350.000 fr. , et pour la marine à 38.400.000 francs, ensemble à 136 millions 750.000 francs.

Il y a dix ans, les pensions militaires ne coûtaient que 125 millions. L'accroissement résulte de diverses causes, dont l'une des plus récentes est la création de pensions au profit des sous-officiers qui quittent prématurément le service. Il s'augmenterait encore par la création qui avait été proposée au budget des retraites proportionnelles pour les officiers.

Les pensions civiles s'élevaient, en 1860, à. . . . . 23.700.000 fr.
En 1880, elles montaient à 44.797.000
Dix ans après, elles étaient de 62.300.000
Les voici aujourd'hui à 81.600.000

Ainsi dans les dix dernières années, elles ont augmenté de plus de 19 millions.

Les causes de cette inquiétante progression ont été maintes fois signalées au Parlement.

Le système actuel de la loi de 1853 est désastreux pour le Trésor, car le produit des extinctions est toujours très inférieur aux concessions.

Les Chambres ont développé le personnel de services importants, tels que la poste et l'enseignement primaire.

Elles ont élevé le traitement d'un grand nombre de petits fonctionnaires.

Elles ont, enfin, majoré les retraites d'autres employés. Le budget actuel renferme encore des propositions de l'espèce pour les services des Contributions directes et des Poudres.

Il est difficile d'arrêter la tendance favorable des Chambres en faveur des modestes serviteurs de l'État. Mais il serait temps de réformer la loi de 1853. Le Parlement est saisi des propositions que le Gouvernement lui a soumises à la suite des travaux de la Commission extraparlementaire chargée de l'étude de la question. Il importerait que la discussion n'en soit pas retardée.

CHAPITRE 19. — *Pensions civiles.*

(Lois des 22 août 1790, 19 frimaire an VII, 25 mars 1817, 4 sptembre 1835, 21 mars 1838, 5 mai 1847, 29 juin 1848, 9 août 1848, 7 juin 1853, art. 32 de la loi du 9 juin 1853, 12 février 1855, 18 mai 1858 et 16 avril 1859, 31 mars 1859, 20 avril 1859, sénatus-consulte du 12 juin 1860, lois des 20 mai 1863, 15 septembre 1871, 1er mars 1872, 22 mars 1872, 15 juin 1872, 3 août 1875, 12 août 1876, 20 juin 1878, 15 juillet 1879, 30 décembre 1880, 22 août 1881, 11 mai 1883, 2 août 1883, 14 août 1885 et 14 novembre 1886, 25 juillet 1888, 29 avril 1889, 3 juin 1890 et 10 mars 1891, 13 avril 1893, 29 décembre 1894 et 27 novembre 1897.)

Crédit voté en 1901. . . . . 652.405 fr.
Crédit voté par la Chambre des Députés et proposé au Sénat. 630.692

Diminution. . . . . 21.713 fr.

Diminution provenant de l'excédent présumé des nouvelles concessions sur les extinctions.

CHAPITRE. 20. — *Rentes viagéres d'origine.*
(Loi du 23 floréal an II.)

Crédit voté en 1901. . . . .   790 fr.

Crédit voté par la Chambre des Députés et proposé
au Sénat. . . . . , ...   790 fr.

Il n'existe plus actuellement au Grand-Livre qu'une
rente viagère d'ancienne origine montant à 790 francs, cons-
tituée en vertu de la loi du 23 floréal an II.

Il est impossible de prévoir quand s'éteindra cette
rente. La jouissance en est, en effet, assurée, d'après les
termes mêmes de l'immatricule, aux enfants et *descendants* du titulaire primitif, pour s'éteindre dans la personne
du dernier survivant.

CHAPITRE 21. — *Pensions des donataires dépossédés.*
(Loi du 26 juillet 1821.)

Crédit voté en 1901 . . . .   209.693 fr.
Crédit voté par la Chambre des Députés et
proposé au Sénat. 190.000

En moins. . . . .   19.693 fr.

Le Crédit du projet de budget était de. . . . .   201.510 fr.
Le Gouvernement a pensé depuis qu'il
était possible de diminuer la demande de. . .   11.510

Ce qui ramène la prévision à. . . . .   190.000 fr.

Ce crédit a les causes suivantes :

La loi du 26 juillet 1821 a attribué aux donateurs français dépossédés par le traité de 1814 des domaines distribués

à l'étranger, à titre de don, sous le premier Empire, des pensions à titre d'indemnité.

Ces pensions étaient reversibles pour moitié sur la veuve et pour l'autre moitié sur les enfants du premier titulaire, avec reversibilité au profit du dernier survivant de ces veuves et de ces enfants.

Les militaires des armées royales de l'Ouest et du Midi ont été assimilés aux donataires pour le droit à la pension.

Ce chapitre était originairement doté de 1.486.000 francs.

La Chambre des Députés a repoussé, sur ce chapitre, une motion qui avait pour objet la nomination d'une Commission parlementaire chargée de reviser l'allocation de ces pensions et de toutes celles comprises sous les chapitres 24, 25 et 29 auxquelles un amendement proposait d'ajouter les pensions aux victimes du coup d'État de décembre 1851.

CHAPITRE 22. — *Pensions militaires de la Guerre,*

(Lois des 11 avril 1831, 26 avril 1855, 25 juin 1861. 10 juillet 1874, 13 mars 1875, 22 juin 1878, 5-18 août 1879, décret du 8 mai 1880, lois des 23 juillet 1881 et 16 mars 1882.)

Crédit voté en 1901 . . . . 97.000.000 fr.
Crédit voté par la Chambre des Députés
   et proposé au Sénat. . . . . 98.350.000 fr.
                En plus. , ... 1.350.000 fr.

L'augmentation résulte de l'excédent présumé des concessions sur les extinctions.

Un crédit d'inscription de 500.000 francs a été ouvert, le 8 novembre dernier, au Ministre de la Guerre pour les pensions de l'exercice 1901.

Un crédit de payement de la même somme a été demandé sur le chapitre 22 à la date du 27 février 1902, tant pour l'acquit de ces pensions, que pour permettre l'imputation des pensions militaires de l'armée coloniale transférées du Ministère de la Marine au Ministère de la Guerre.

Ces besoins seront vraisemblablement les mêmes pour 1902, et il semblerait logique d'augmenter de pareille somme les prévisions du projet du budget. Cette augmentation n'a pas eu lieu. L'administration consultée a répondu que, d'après les évaluations fournies par le service compétent, elle avait des raisons de penser que le crédit voté par la Chambre des Députés suffirait à tous les payements de l'exercice.

Nous ne sommes pas en situation de contester cette affirmation. Le Gouvernement ne sollicitant pas le relèvement du crédit, nous n'avons pas à le lui imposer; mais nous redoutons que cette réelle insuffisance conduise à un crédit supplémentaire pendant le cours de l'année 1902.

CHAPITRE 23. — *Pensions militaires de la Marine.*

(Loi du 18 avril 1831, ordonnances du 5 octobre 1844, lois des 24 novembre 1848 et 26 avril 1855, décret du 4 août 1855, lois des 26 avril et 21 juin 1856, 26 juin 1861, 26 juin 1862 et 18 avril 1869, décret du 8 novembre 1872, lois des 21 juin 1878, 5 et 8 août 1879 et 22 mars 1885, article 9.)

Crédit voté en 1901 . . . . 38.618.000 fr.
Crédit voté par la Chambre des Députés et
   proposé par le Sénat . . . . 38.400.000 fr.

En moins. . . . . 218.000 fr.

Le Gouvernement avait demandé un crédit de 38 millions 750.000 francs. Mais, depuis le dépôt du projet de budget, le Gouvernement, sur la demande de la Commission de la Chambre des Députés, a réduit ses prévisions de 350.000 francs, à raison de la situation actuelle des inscriptions et du transfert au Ministère de la Guerre des pensions de l'armée coloniale. (Loi du 26 décembre 1901.)

Le chiffre primitif du Gouvernement a été repris par la Chambre des Députés par un amendement. Mais l'amendement a été retiré sur les explications du Gouvernement qui a affirmé que, d'après des informations très précises, les besoins de l'exercice ne dépasseront pas le chiffre de 38.400.000 francs.

Il est à souhaiter que ces prévisions ne soient pas trompées, et qu'un crédit supplémentaire ne devienne pas nécessaire au cours de l'exercice.

CHAPITRE 24. — *Secours aux pensionnaires de l'ancienne liste civile des rois Louis XVIII et Charles X.* (Loi du 8 avril 1834.)

Crédit voté en 1901 . . . . 1.350 fr.

Crédit voté par la Chambre des Députés et proposé au Sénat. . . . . 850 fr.

La loi du 28 juin 1833 a décidé que des secours seraient accordés aux pensionnaires de l'ancienne liste civile des rois Louis XVIII et Charles X, dans une situation précaire et « sur la présentation d'un certificat d'indigence ».

La loi du 8 avril 1834 a institué une Commission chargée « d'examiner la liste des personnes secourues par l'ancienne liste civile et d'indiquer celles qui paraîtront mériter de recevoir des secours temporaires ».

Les titulaires actuels touchent une allocation moyenne de 350 francs. Leur nombre est de deux et leur âge est avancé.

Le chapitre est appelé à disparaître bientôt.

CHAPITRE 25. — *Pensions et indemnités viagères de retraites aux employés de l'ancienne liste et du domaine privé du roi Louis-Philippe.* (Lois des 23 juin 1835, décrets des 13 et 25 juin 1853.)

Crédit voté en 1901, ... 4.704 fr.

Crédit voté par la Chambre et proposé au Sénat. 4.108 fr.

Les pensions et indemnités viagères de retraites attribuées aux employés de l'ancienne liste civile par les lois du 29 juin 1835 et 8 juillet 1852 et aux agents du domaine privé du roi Louis-Philippe par les décrets des 13 et 25 juin 1853, sont peu élevées.

Le crédit, qui était en 1886 de 74.500 francs, se présente, en 1902, avec une diminution de 70.392 francs, ce qui indique la disparition complète du chapitre dans un avenir peu éloigné.

Le nombre des titulaires est aujourd'hui réduit à 20.

CHAPITRE 26. — *Pensions à titre de récompense nationale.* (Loi du 13 juin 1850.)

Crédit voté en 1901 . . . . 47.275 fr.
Crédit voté par la Chambre des Députés et proposé au Sénat. . . . . 42.475 fr.
Diminution. . . . . . . 4.800 fr.

Les pensionnaires de ce chapitre sont, d'après la loi du 13 juin 1850, les citoyens qui ont reçu des blessures dans les journées de mai et de juin 1848, en combattant pour la défense de l'ordre, de la liberté et de la société menacée et les familles de ceux qui ont succombé.

La pension est de 300 à 1.000 francs pour les citoyens qui ont reçu des blessures ayant entraîné une infirmité grave et permanente.

Les veuves de ceux-ci ont droit à la reversion d'une rente annuelle et viagère de 500 francs, pourvu que le mariage soit antérieur à la date des blessures reçues par le mari décédé.

Une pension de 100 à 150 francs a été également allouée aux frères et sœurs des citoyens que la mort de leur frère avait privés de leurs moyens d'existence.

Il n'y a plus que 92 titulaires.

CHAPITRE 27. — *Traitements viagers des membres de l'ordre de la Légion d'honneur et des médaillés militaires.*

Crédit voté en 1901 . . . . 11.045.330 fr.
Crédit voté par la Chambre et proposé au
  Sénat . . . . 11.046.330 fr.

En plus . . . . . 1.000 fr.

Ce chapitre n'est qu'un supplément à la dotation de la Légion d'honneur. La subvention payée par le Trésor à la Légion d'honneur doit compenser l'excédent des dépenses sur les recettes du budget annexe.

Elle varie par conséquent selon que les frais d'administration de la Légion d'honneur et les dépenses des maisons d'éducation, sont plus ou moins élevées.

Ce chapitre était, en 1892, de 9 923.784 francs. L'augmentation est due presque tout entière aux effets de la conversion de 1894 qui a réduit les recettes de 1 million 381.590 francs.

Un crédit supplémentaire de 42.000 francs a été voté récemment sur l'exercice 1901. Mais ce crédit avait pour objet le payement d'une dépense accidentelle résultant de travaux sanitaires effectués dans la maison d'éducation de la Légion d'honneur. La dépense ne se reproduira pas pour 1902.

La Commission du budget avait proposé une réduction de 11.600 francs pour la suppression des frais du clergé, mais sa demande a été rejetée par la Chambre des Députés.

Un crédit de 1.000 francs a été ajouté à la demande du Gouvernement pour tenir compte d'un amendement accepté au budget de la Légion d'honneur et ayant pour objet le relèvement de certains traitements.

CHAPITRE 28. — *Pensions civiles.* (Loi du 9 juin 1853.)

Crédit voté en 1901.	79.300.000 fr.
Crédit voté par la Chambre des Députés et proposé par le Sénat	81.600.000 fr.
En plus.	2.300.000 fr.

Une augmentation de 10.000 francs sur le crédit voté en 1901 est la conséquence de l'extension à de nouvelles catégories du personnel des dispositions applicables aux pensions des agents du service actif. (Rapport au Sénat de 1901, p. 301.)

Cette extension est encore proposée dans le présent budget, à la loi de finances, pour des agents des contributions directes et des commis du service des poudres.

Il en a été tenu compte pour la demande de crédit.

Un autre supplément de 2.290.000 francs est nécessité par le vote du crédit d'inscription de 2.500.000 francs alloué le 6 juillet 1901, déduction faite de 210.000 francs pour l'application du décret du 27 mai 1897, qui maintient certains agents en activité jusqu'à la délivrance de leur brevet de pension.

Le total du crédit demandé par le Gouvernement est donc de . . . . 81.600.000 fr.

Pour répondre aux vives préoccupations que ne cesse de provoquer au Parlement l'augmentation certaine des crédits de pensions civiles, le Gouvernement a déposé, le 17 juin 1901, un projet de loi ayant pour objet la modification de la loi du 9 juin 1853 dont le jeu cause ces incessantes plus-values. Ce projet consiste à assurer le service des pensions futures au moyen d'une caisse spéciale où seraient versées chaque année les retenues sur les traitements et les subventions budgétaires. Il a été renvoyé par la Chambre des Députés à la Commission d'examen et de prévoyance sociale. Mais cette Commission, dans un rapport du 24 décembre 1901, a conclu au renvoi à la Commission du budget, qui lui semble plus qualifiée pour prendre les responsabilités d'une aussi grave réforme. Nous ne pouvons qu'attendre le résultat de cet examen, tout en souhaitant qu'il n'impose pas un trop long délai au Trésor, dont les charges se développent dans de grandes proportions.

En attendant, les pensions vont continuer à s'accroître pour les causes qui ont déterminé leur progression antérieure, et dont la plupart procèdent de l'exécution des lois votées, sur l'accroissement des fonctionnaires, sur le relèvement graduel des traitements et sur le développement des catégories auxquels est accordé aujourd'hui une retraite des deux tiers au lieu de la moitié du traitement. Si l'Administration demeure souvent impuissante pour arrêter ce mouvement, il lui appartient de ne pas favoriser outre mesure le nombre des retraites, en admettant à pension ou en l'imposant même d'office à des agents que ni leur âge ni leurs infirmités ne rendent impropres au service, mais dont le départ est souvent motivé par le désir d'accélérer le cours général des avancements et de faire certaines promotions.

Cette pratique a été surtout signalée dans la classe des chefs de service, administrateurs, directeurs ou assimilés. Elle est défectueuse. Il ne faut pas mettre en retraite des agents qui peuvent continuer leurs fonctions et s'exposer ainsi à payer tout à la fois le traitement du nouveau titulaire, puis la pension de ses prédécesseurs.

La Commission des finances du Sénat appelle sur ce point toute l'attention du Gouvernement. Aussi longtemps que les pensions civiles seront réglées par la loi de 1852, il faut très énergiquement maintenir le principe que si les agents parvenus à 60 ans sollicitent leur pension, l'Administration n'est pas tenue d'accueillir leur demande et qu'elle a non seulement le droit mais le devoir de les maintenir en fonctions aussi longtemps que l'inaptitude à les remplir n'est pas légalement établie. Dans aucun service, il ne faut laisser s'accréditer l'erreur que la retraite est un droit que l'Administration ne peut méconnaître. — Mais lorsque les conditions de la retraite sont remplies et que le fonctionnaire ne peut plus réellement rester en service, l'Administration est tenue de liquider le plus rapidement possible la pension, aussi bien dans l'intérêt du Trésor que des employés infirmes ou incapables. Il lui appartient de se pourvoir, à cet égard, de crédits sufffsants.

Chapitre 29. — *Pensions des grands fonctionnaires*.
(Loi du 17 juillet 1856.)

Crédit voté en 1901. . . . . 87.000 fr.

Crédit voté par la Chambre des Députés et proposé au Sénat . . . . 69.000 fr.

Il s'agit ici des grands fonctionnaires du second Empire. La revision de ces pensions a eu lieu en exécution de la loi du 16 septembre 1871. Celles qui n'étaient pas accordées

« à la distinction des services et à l'insuffisance de la fortune » ont dû être révoquées.

Le maximum des pensions inscrites en vertu de la loi du 17 juillet 1856 avait été fixé à 500.000 francs, et le maximum de la pension individuelle à 20.000 francs. Celui-ci a été réduit à 12.000 francs par la loi du 27 juillet 1870.

Il ne reste plus que dix titulaires de ces pensions.

CHAPITRE 30. — *Pensions ecclésiastiques sardes.*
(Convention internationale du 28 août 1860 et décret du 21 novembre 1850.)

Crédit voté en 1901. . . . . 9.735 fr.
Crédit voté par la Chambre des Députés et proposé au Sénat. 9.121

En moins . . . . . ·. 614 fr.

Cette dotation est destinée à servir des pensions aux ecclésiastiques sardes (carmes déchaussés et oblats de Sainte-Marie) que pensionnait le Gouvernement sarde, conformément à la loi sarde du 20 mai 1855.

La propriété des biens attribués à la caisse ecclésiastique ayant été transférée à la France, à dater du 14 juin 1860, en vertu de la convention internationale du 23 août suivant, promulguée par décret impérial du 21 novembre 1860, les pensions sont devenues une charge du Trésor français.

Le nombre des ayants droit est aujourd'hui de 17.

CHAPITRE 31. — *Anciens dotataires du Mont-de-Milan.*
(Décret du 18 décembre 1861.)

Crédit voté en 1901 . . . . 208.500 fr.
Crédit voté par la Chambre des Députés et proposé au Sénat.. . . . . 192.900

En moins. . . . . . 15.600 fr.

Dotations accordées, sous le premier Empire, aux membres de l'armée qui avaient pris part aux campagnes de l'Empire, et prélevées dans le principe sur une rente annuelle de 460.311 francs mise à la charge du Mont-de-Milan.

Les traités de 1814 dépossédèrent de leurs droits les parties prenantes. Mais, en 1859, les gouvernements autrichien et sarde ayant mis à la disposition de la France un capital de 12.500.000 francs, il fut décidé qu'il serait prélevé sur cette dernière somme celle de 6.250.000 francs dont les intérêts seraient affectés aux anciennes dotations.

Le chapitre n'est pas prêt de disparaître, car les dotations sont reversibles, en totalité, sur la descendance légitime ou adoptive des titulaires de mâle en mâle et par ordre de primogéniture, et à défaut d'enfant mâle, sur les filles et sous certaines réserves.

Les dotations ne font retour à l'État qu'en cas de déshérence.

CHAPITRE 32. — *Supplément de pensions aux anciens militaires ou marins ou à leurs veuves.*

Crédit voté par la Chambre des Députés et
    proposé au Sénat . . . . 5.200.000 fr.

Ces pensions étaient autrefois servies au moyen d'avances faites par la Caisse des dépôts, et le remboursement de ces avances avait lieu au moyen d'un crédit annuel d'amortissement.

Par suite de la combinaison expliquée au chapitre 10, c'est le Trésor qui ferait désormais le service de ces suppléments de pension. Leur chiffre a été calculé pour 1902 à 5.200.000 francs, avec une réduction sur 1901 de 300.000 francs, résultant de la diminution du nombre des bénéficiaires.

CHAPITRE 33. — *Indemnités viagères aux victimes du coup d'État du 2 décembre 1851.* (Loi du 30 juillet 1881.)

Crédit voté en 1901. . . . . 3.808.792 fr.

Crédit voté par la Chambre des Députés et
    proposé au Sénat. . . . . 3.500.000 fr.

Le crédit demandé au budget primitif était
    de . . . . 3.576.534 fr.
Le Gouvernement a pensé, depuis, qu'il était
    possible de le rectifier de 76.534

Ce qui a ramené la demande à . . . . 3.500.000 fr.

La loi du 30 juillet 1881 a fixé à 6 millions le montant des indemnités viagères à servir aux victimes du coup d'État.

Les indemnités des titulaires sont reversibles sur les veuves non remariées et sur les ascendants ou descendants au premier degré.

La diminution devient assez sensible.

CHAPITRE 34. — *Pensions et indemnités de réforme à la magistrature.* (Loi du 30 août 1883.)

Crédit voté en 1901 . . . . 762.751 fr.
Crédit voté par la Chambre et proposé au
    Sénat 722.383

En moins. . . . . 40.368 fr.

Ces pensions et indemnités ont été créées par la loi du 30 août 1883, à la suite de la réforme du personnel de la magistrature.

La diminution du crédit ouvert à ce chapitre est très lente et la dotation ne prendra fin que dans un avenir éloigné, d'abord parce que beaucoup de magistrats réformés étaient jeunes et ensuite parce que la pension est reversible pour un tiers sur les veuves et sur les orphelins.

CHAPITRE 35. — *Indemnités aux anciens professeurs des Facultés de théologie catholique.* (Loi du 27 juin 1885.)

Crédit voté en 1901. . . . . 39.157 fr.

Crédit voté par la Chambre et proposé au Sénat. 39.157 fr.

Indemnités accordées par la loi du 27 juin 1884, à la suite de la suppression des chaires de théologie.

Aucune extinction n'est prévue pour 1902, le nombre des titulaires étant aujourd'hui très restreint.

Les professeurs qui avaient droit à la retraite, lors de la suppression, ont été admis à pension. L'indemnité n'a été accordée qu'aux autres, par assimilation à ce qui a eu lieu lors de la suppression de l'inamovibilité des magistrats, et on n'a pas eu à se préoccuper alors de l'âge des ayants droit. Mais lorsque ces anciens professeurs, jouissant d'une indemnité, exercent une fonction rétribuée par l'État, la pension est suspendue suivant les règles relatives au cumul. Un amendement présenté à la Chambre des Députés pour supprimer le crédit a été repoussé.

CHAPITRE 36. — *Pensions viagères aux survivants des blessés de février 1848, à leurs ascendants, veuves ou orphelins.* (Loi du 18 avril 1888.)

Crédit voté en 1901 . . . . ,   102.070 fr.
Crédit voté par la Chambre des Députés et
    proposé par le Sénat. . . . .   101.420 fr.

                  En moins. . . . .   650 fr.

Le crédit ouvert par la loi du 10 avril 1888 a été fixé à 200.000 francs.

Les pensions sont reversibles sur les veuves non remariées, ascendants ou descendants au premier degré des titulaires.

Le nombre de ceux-ci décroît assez rapidement, si l'on considère que le crédit était de 184.596 francs en 1892.

CHAPITRE 37. — *Part contributive de l'État dans les pensions civiles de la Préfecture de la Seine et de la Préfecture de police en raison des services militaires des anciens sous-officiers.* (Décret du 11 juin 1881).

Crédit voté en 1901. . . . .   3.000 fr.

Crédit voté par la Chambre des Députés et proposé au Sénat . . . .   3.000 fr.

Cette dotation s'applique à la part mise à la charge de l'État, par le décret du 11 juin 1881, dans les pensions de retraite des employés de la Préfecture de la Seine et de la Préfecture de police, lorsque ces employés ne jouissent pas d'une pension militaire.

En fait, les dépenses réelles effectuées ne se sont élevées qu'à 1.470 francs en 1899 ; un crédit de prévision de 3.000 fr. a donc paru suffisant pour 1902, comme pour 1901.

CHAPITRE 38. — *Allocations supplémentaires :*

1° aux officiers, sous-officiers et soldats et assimilés des armées de terre et de mer, et aux veuves, retraités sous les régimes antérieurs aux lois des 22 juin 1878, 5 août 1879, 23 juillet 1881, 8 août 1883 ; 2° aux agents de tous grades du service actif des douanes, et aux veuves de ces agents, retraités antérieurement à la loi du 26 février 1887 ; 3° aux agents forestiers énumérés à l'article unique de la loi du 4 mai 1892, ainsi qu'à leurs veuves, retraités avant l'application de cette dernière loi ; 4° aux gardes d'artillerie, contrôleurs d'armes, adjoints du génie, chefs ou sous-chefs, ouvriers d'état, archivistes d'état-major, ainsi qu'à leurs veuves, retraités sous les régimes antérieurs à la loi du 15 novembre 1900.

Crédit voté en 1901 . . . . 4.806.540 fr.

Crédit voté par la Chambre et proposé au
    Sénat . . . . 4.806.540 fr.

Le rapport de la Commission des finances sur le budget de 1899 renferme l'historique de ce chapitre et les causes des accroissements successifs qui l'ont porté au chiffre actuel de 4.806 540 francs.

Ce crédit ne paraît pas devoir diminuer rapidement, car les sommes à provenir des extinctions servent à relever graduellement le montant des pensions jusqu'à ce que les titulaires soient arrivés au plein de leur retraite.

DEUXIÈME PARTIE. — **Pouvoirs Publics**.

CHAPITRE 39. — *Dotation du Président de la République.*

Crédit voté en 1901 . . . . 600.000 fr.

Crédit voté par la Chambre des Députés et proposé au Sénat . . . . 600.000 fr

Chapitre 40. — *Frais de maison du Président de la République.*

Crédit voté en 1901 . . . . 300.000 fr.

Crédit voté par la Chambre des Députés et proposé au Sénat . . . . 300.000 fr.

Chapitre 41. — *Frais de voyage, de déplacement et de représentation du Président de la République.*

Crédit voté en 1901 . . . . 300.000 fr.

Crédit voté par la Chambre des Députés et proposé au Sénat . . . . 300.000 fr.

Chapitre 42. — *Dépenses administratives du Sénat et indemnités des Sénateurs.*

Crédit voté en 1901 . . . . 4.600.000 fr.

Crédit voté par la Chambre des Députés et proposé au Sénat . . . . 4.600.000 fr.

Chapitre 43. — *Dépenses administratives de la Chambre de Députés et indemnités des Députés.*

Crédit voté en 1901 . . . . 7.487.100 fr.

Crédit voté par la Chambre et proposé au Sénat . . . . 7.792.600 fr.

Augmentation de 305.500 francs due au développement des dépenses de toute nature et notamment des dépenses d'impression.

Dans la séance du 9 mars 1902, la Chambre des Députés a relevé de 81.000 francs le crédit du chapitre 43 antérieurement voté pour 7.711.690 francs, afin de permettre d'allouer une indemnité extraordinaire au personnel de la Chambre des Députés, à raison des travaux exceptionnels occasionnés par la multiplicité des séances de la fin de la session.

S'agissant d'une dépense concernant le service administratif, c'est-à-dire le budget intérieur de la Chambre des Députés, votre Commission n'a pas d'observations à présenter contre cette augmentation exceptionnelle et transitoire. Elle vous propose, en conséquence, de voter le chapitre 43 avec le chiffre de 7.792.600 francs alloué par la Chambre des Députés.

TROISIÈME PARTIE. — **Service général du Ministère.**

CHAPITRE 44. — *Traitement du Ministre et personnel de l'Administration centrale.*

Crédit voté en 1901	3.504.820 fr.
Crédit voté par la Chambre et proposé au Sénat	3.514.500
En plus	9.680 fr.

Cette augmentation résulte des modifications suivantes :

Le Gouvernement avait demandé une augmentation de 29.680 francs pour les causes ci-après :

Supplément de crédit nécessité par le renouvellement des titres des indemnités aux victimes du coup d'Etat et des titres des pensions militaires, ainsi que pour le renouvellement quinquennal des états sommaires des pensions . . . . 19.780 fr.

Indemnités à allouer aux 50 plus anciens auxiliaires,

pour compenser la perte des salaires des jours
fériés . . . . 15.000 fr.

Par contre, il a réduit de 5.100 francs le crédit demandé
pour la révision de l'Instruction générale.

Le second crédit équivalait à une augmentation directe
des salaires payés aux auxiliaires du Ministère des Finances.
Ces agents sont au nombre de 376 et reçoivent 482.460 francs.

Le recrutement en est très facile. D'autre part, il est
certain que l'augmentation de 300 francs, accordée aux 50
plus anciens devrait être promptement étendue aux autres,
ce qui entraînerait une dépense de plus de 110.000 francs.
La Commission du budget de la Chambre a repoussé cette
augmentation, en présence du chiffre toujours croissant des
dépenses publiques et de sa résolution de ne pas autoriser,
en l'état actuel, de majorations de traitements. Le Gouvernement a accepté cette réduction. (Budget rectifié du 17
décembre 1901.)

La Commission du budget a proposé une réduction de
5.000 francs pour vacances d'emploi, comme dans la plupart des autres services. L'Administration avait présenté les
observations suivantes :

« Par suite de l'organisation actuelle créée par décret
du 15 janvier 1885, il n'existe pas et il ne peut exister, en
temps normal, de vacances d'emploi dans le personnel des
bureaux. Chaque fois qu'une vacance se produit dans une
catégorie quelconque d'agents, elle est aussitôt et tout natu-
rellement comblée par la mise en jeu du tableau d'avancement : l'employé de la catégorie immédiatement inférieure
qui arrive en ligne pour une promotion prend la place de
celui qui disparaît ; la même opération se renouvelle de
classe en classe et se termine par la nomination d'un can-
didat à l'emploi de début. De cette manière, le cadre régle-
mentaire est constamment maintenu au complet et le crédit

accordé pour les traitements est toujours entièrement réparti entre les agents : il ne peut dès lors y avoir en fin d'année qu'un reliquat de crédit insignifiant. »

La Chambre a voté la réduction.

L'Administration ne demande cependant pas le rétablissement du crédit.

Au résumé, il y a augmentation pour le renouvellement du titre des indemnités aux victimes du coup d'État. . . . .   19.780 fr.

et diminution pour la revision de l'inspection générale. 5.100
et pour vacances d'emploi 5.000
                                          10.100   10.100

L'augmentation reste pour. . . . .   9.680 fr.

Un crédit de 38.300 francs est inscrit sous le titre d'indemnité au cabinet du Ministre.

Il est ainsi obtenu :

Indemnités aux chef, chef adjoint et rédacteurs principaux . . . .   10.500 fr.

Indemnité au chef du secrétariat particulier 2.400

Indemnités aux attachés, rédacteurs et commis. 7.400

Auxiliaires remplaçant les commis attachés 4.650

Indemnités pour travaux extraordinaires .   13.350
                                                38.300 fr.

Les chef, chef adjoint et d'autres employés reçoivent en outre des traitements prélevés sur les crédits des services d'où ils sont momentanément détachés.

Un crédit supplémentaire de 14.000 francs a été récemment voté sur ce chapitre. Il avait pour but le payement de travaux extraordinaires nécessités par l'achat d'office de rentes au nom de titulaires de livrets de Caisse d'épargne dépassant 1.500 francs (Loi du 20 juillet 1895, art. 2). Cette dépense ne doit pas se reproduire en 1902.

CHAPITRE 45. — *Inspection générale des Finances.*

Crédit voté en 1901. . . . .   855.600 fr.

Crédit voté par la Chambre des Députés et proposé au Sénat. . . . .   855.600 fr.

CHAPITRE 46. — *Personnel central des Administrations financières.*

Crédit voté en 1901 . . . .   1.622.930 fr.

Crédit voté par la Chambre et proposé au Sénat. . . . .   1.622.930 fr.

CHAPITRE 47. — *Indemnités diverses.*

Crédit voté en 1901 . . . .   44.850 fr.

Crédit voté par la Chambre des Députés et proposé au Sénat . . . .   44.850 fr.

CHAPITRE 48. — *Matériel de l'Administration centrale.*

Crédit voté en 1901 . . . .   569.580 fr.

Crédit voté par la Chambre des Députés et proposé au Sénat. . . . .   569.580 fr.

Un crédit supplémentaire de 15.000 francs a été voté récemment sur l'exercice 1901, à raison de la hausse du prix des charbons et des huiles. Le prix ayant baissé, la dépense n'est pas inscrite pour 1902.

Chapitre 49. — *Impressions.*

Crédit voté en 1901. . . . . 2.198.400 fr.

Crédit voté par la Chambre des Députés et proposé au Sénat. . . . . 2.198.400 fr.

Le Gouvernement a demandé pour 1902 une augmentation de 18.000 francs pour les frais de réapprovisionnement des formules relatives à l'application du dégrèvement des petites cotes foncières (Art. 5 du décret du 4 décembre 1897). La Commission du budget de la Chambre des Députés a rejeté cette augmentation, pour le motif qu'un meilleur emploi des crédits permet de faire face à tous les besoins.

L'Administration a obtenu, pour l'exercice 1901, un crédit supplémentaire de 90.000 francs, motivé par les dépenses imprévues résultant principalement de l'exécution de la loi des boissons et des successions. Il nous à été affirmé que cette dépense ne devait pas se reproduire en 1902.

Chapitre 50. — *Dépenses diverses de l'Administration centrale.*

Crédit voté en 1901. . . . . 198.000 fr.

Crédit voté par la Chambre des Députés et proposé au Sénat. . . . . 198.000 fr.

La majeure partie de ce crédit s'applique aux frais payés à la Caisse des dépôts et consignations, pour le recouvrement des sommes dues sur les emprunts concernant les caisses sco-.

laire et vicinale, dont la liquidation s'effectue depuis le 1er janvier 1895.

CHAPITRE 51. — *Frais de trésorerie.*

Crédit voté en 1901. . . . .   10.000 fr.

Crédit voté à la Chambre des Députés et proposé
au Sénat.. . . . .   10.000 fr.

Ainsi qu'on l'a expliqué dans le rapport sur le budget de 1899, ce chapitre donne lieu à des recettes qui viennent en atténuation de la dépense. Or; dans les derniers exercices, les recettes ont dépassé les dépenses, et les crédits sont tombés en annulation. Pour 1902, il paraît donc suffisant d'inscrire, comme en 1901, un crédit de prévision de 10.000 francs.

CHAPITRE 52. —*Traitements fixes des trésoriers-payeurs généraux et du receveur central de la Seine.*

Crédit voté en 1901.. . . . .   1.202.000 fr.

Crédit proposé à la Chambre des Députés par
le Gouvernement et par la Commission
du budget . . . .   1.202.000 fr.

Crédit voté par la Chambre des Députés. . .   1.044.000 fr.

Crédit proposé par la Commission des finances.. . . . .   1.202.000 fr.

Ce chapitre a subi depuis 1899 des retranchements s'élevant à 203.000 francs. La réduction de l'an dernier est de 100.000 francs.

En rendant compte de cette situation, la Commission des finances du Sénat de 1901 constatait la nécessité de procéder enfin à la réforme générale qui doit mettre fin à ces incidents annuels, et soustraire les trésoriers généraux à l'incertitude dans laquelle ils demeurent. Cette réforme a été étudiée en premier ordre par une Commission extraparlementaire dont les travaux sont terminés. Il est à souhaiter, disait-elle, que le Gouvernement les mette à profit pour la présentation du projet de loi.

Ce projet n'a été soumis au Parlement que la veille de la discussion du budget du Ministère des Finances ; mais un amendement avait été proposé dès le 22 octobre 1901 pour réduire le crédit à 1.044.000 francs.

La Commission du budget de la Chambre et le Ministre ont demandé le rejet de l'amendement, en invoquant le dépôt du projet de réorganisation des trésoriers généraux, que le Gouvernement consentait à insérer dans la loi de finances. Mais l'auteur de l'amendement a exposé qu'une mesure aussi grave et un projet aussi complexe ne lui paraissaient pas pouvoir aboutir à bref délai et il a insisté pour que l'économie de 158.000 francs qu'il demandait fût immédiatement acquise au budget de 1902. Sa proposition a été adoptée par 278 voix contre 217, c'est-à-dire avec une assez importante majorité.

L'amendement adopté par la Chambre des Députés avait pour résultat d'unifier à 12.000 francs les traitements fixes payés par l'État aux trésoriers généraux et au receveur central de la Seine.

Actuellement ces traitements sont :

De 18.000 francs pour 5 trésoriers :
De 16.000 francs pour 22 trésoriers ;
De 14.000 francs pour 20 trésoriers ;
De 12.000 francs pour les autres.
Le receveur central a un traitement fixe de 16.000 francs.

Par conséquent la réduction porterait sur les 25 plus grosses trésoreries. Elle frapperait pour 6.000 francs sur les 5 plus importantes (30.000 fr.), pour 4.000 francs sur les

22 suivantes (88.000 fr.) et pour 2.000 francs sur les 20
autres (40.000 fr.). Le receveur actuel de la Seine perdrait
4.000 francs.

L'unification des traitements fixes est contraire à la
règle générale qui a prévalu dans les Administrations publiques. La division par classe est nécessaire pour déterminer
la hiérarchie des fonctionnaires et baser leur avancement.

Pour les trésoreries générales importantes, le traitement
n'est que la plus faible partie de la rémunération de l'emploi ; il y faut ajouter des bonifications provenant soit des
bénéfices sur l'intérêt des fonds particuliers ou des comptes
courants, soit de commissions allouées sur des opérations
faites pour des tiers. Ces éléments doivent être pris en
considération si l'on veut faire une réduction proportionnelle et ne pas léser les plus faiblement rétribués.

Assurément, les crédits inscrits au budget de l'État en
faveur des trésoriers généraux peuvent subir encore, sans
compromettre l'institution, la réduction de 158.000 francs
votée par la Chambre des Députés, et qui doit être ramenée,
à raison du retard dans la promulgation de la loi de finances,
à 118,000 francs. Mais ce n'est pas sur la dépense de ce traitement fixe qu'il y a lieu de l'imputer.

Il conviendrait de la prélever sur la partie de crédit du
chapitre 17 (intérêts de la dette flottante) concernant les bénéfices du compte-courant des trésoriers généraux. Ces bénéfices
représentent principalement l'écart qui existe entre le taux promis par le trésorier général à ses déposants et le taux d'intérêt
alloué au trésorier général par l'Administration. Ils sont en
grande partie recueillis par les plus grosses trésoreries. Le
Gouvernement pourrait donc effectuer pour 1902 le règlement des intérêts des comptes courants de manière à réaliser l'économie de 118.000 francs dont il s'agit. Un procédé
analogue a été adopté pour le budget de l'exercice 1899.
Son emploi se justifie d'autant mieux que dans le projet de
réforme générale déposé le 18 février dernier à la Chambre
des Députés par le Gouvernement, les comptes courants sont

supprimés, de telle sorte que la réduction de 118.000 francs en 1902 serait en concordance avec le principe même de la réforme projetée, en laissant à l'Administration, pour l'avenir, la liberté de proposer dans le projet de loi la réglementation définitive des comptes courants.

CHAPITRE 53. — *Frais de personnel et de matériel des trésoreries générales de la recette centrale de la Seine.*

Crédit voté en 1901 . . . . 3.982.000 **fr.**

Crédit voté à la Chambre des Députés et proposé au Sénat . . . . 3.982.000 **fr.**

Pas d'observation.

CHAPITRE 54. — *Traitements fixes des receveurs particuliers des finances.*

Crédit voté en 1901 . . . . 655.200 **fr.**

Crédit voté à la Chambre des Députés et proposé au Sénat. . . . . 655.200 **fr.**

Sans observation.

CHAPITRE 55. — *Commissions et indemnités aux receveurs particuliers des finances, comprenant les frais de personnel et de matériel à leur charge.*

Crédit voté en 1901 . . . . 2.450.000 **fr.**

Crédit voté à la Chambre et proposé au Sénat. . . . . 2.450.000 **fr.**

A partir du 15 janvier 1898 les receveurs particuliers ont été autorisés à adresser directement, à la Chambre syndicale des agents de change de Paris, les commissions d'achats et de ventes de rentes souscrites dans leurs bureaux.

La comparaison des chiffres ci-après permettra d'apprécier les résultats de la mesure.

Achats de rentes par l'intermédiaire des comptables du Trésor :

	Rentes achetées.	Capitaux employés.
1894 . . .	10.015.954	317.824.966
1895 . . .	8.610.235	282.446.857
1896 . . .	8.212.115	264.215.511
1897 . . .	7.886.094	256.568.975
1898 . . .	8.330.389	271.166.178
1899 . . .	9.392.084	301.824.679
1900 . . .	9.067.895	290.887.490
1901 . . .	8.623.552	277.838.206

CHAPITRE 56. — *Service du Trésor en Tunisie*

Voté par la Chambre des Députés et proposé par
le Sénat . . . . 47.000 fr.

Les dépenses du service du Trésor en Tunisie étaient autrefois imputées sur le crédit ouvert au Ministère des Finances (Algérie) chapitre premier : *Frais de la Trésorerie d'Algérie.*

Par suite de l'adoption du projet de loi portant création d'un budget spécial pour cette colonie, la dépense qui n'incombe pas à l'Algérie doit être supportée dorénavant par le budget de la métropole et, en 1901, on a dû créer un nouveau chapitre, à ouvrir au Ministère des Finances, sous le libellé « Service du Trésor en Tunisie».

Le crédit en est fixé à 47.000 francs, dont 30.000 francs pour le personnel et 17.000 francs pour les dépenses diverses.

CHAPITRE 57. — *Personnel de la Cour des comptes.*

Crédit voté en 1901 . . . .   1.516.600 fr.

Crédit voté par la Chambre des Députés et
   proposé au Sénat . . . .   1.516.600 fr.

CHAPITRE 58. — *Matériel et dépenses diverses de la
Cour des Comptes.*

Crédit voté en 1901 . . . .   50.000 fr.
Crédit voté à la Chambre et proposé au Sénat . .   50.000

La loi du 26 décembre 1900 a ouvert un crédit de 20.000
francs pour le déménagement dans le nouvel hôtel, rue
Cambon, des archives du pavillon Marsan. Une partie seulement du crédit, 3.674 fr. 25, a été utilisée sur l'exercice 1900.
Le surplus de 16.325 fr. 75 a été reporté à l'exercice 1901. Il
n'a pas encore été employé. Le report en sera demandé sur
l'exercice 1902 et suffira pour compléter l'opération.

CHAPITRE 59. — *Laboratoires. — Personnel.*

Crédit voté en 1901 . . . .   331.500 fr.

Crédit voté à la Chambre des Députés et pro-
   posé au Sénat . . . .   331.500 fr.

Trois augmentations de crédit ont été demandées par le
Gouvernement pour améliorer la situation des petits employés et éviter le retard dans l'analyse des sucres pendant
la campagne.

Mais la Commission du budget, décidée à enrayer les
dépenses de personnel et convaincue que le service des ana-

lyses peut être assuré par un nouvel effort des agents, a repoussé l'organisation demandée.

Le Gouvernement a reproduit, dans le budget rectifié, sa demande de crédit, mais la Chambre a voté les propositions de la Commission.

CHAPITRE 60. — *Matériel et dépenses diverses des laboratoires.*

Crédit voté en 1901. . . . . 144.400 fr.

Crédit voté à la Chambre des Députés et proposé au Sénat. . . . . 142.200 fr.

La différence s'explique ainsi :

Économie sur les dépenses de matériel du laboratoire. . . . . 3.400 fr.

Transfert du chapitre 87 (Dépenses diverses des douanes) de la partie de crédit correspondant au loyer du laboratoire de Rouen installé dans un immeuble loué par la douane. 1.200

Économie. . . . . 2.200 fr.

Un amendement portant addition de 1.000 francs à titre d'indication avait été proposé pour inviter l'Administration à appeler plus d'attention dans les analyses et assurer le fonctionnement du décolorant de l'alcool. Il a été retiré sur l'observation du Gouvernement que le délai des analyses serait abrégé autant que possible et que le projet spécial relatif au concours pour le dénaturant serait incorporé à la loi de finances.

Chapitre 61. — *Dépenses des services périmés non frappés de déchéance.*

Crédit voté en 1901 . . . . 211.000 fr.

Crédit voté à la Chambre des députés et proposé au Sénat. . . . . 211.000 fr.

Ce crédit est prévu pour répondre aux réclamations éventuelles d'arrérages et d'intérêts non prescrits, se rapportant aux exercices antérieurs, en ce qui concerne les rentes de toute nature, les annuités, les obligations trentenaires, les intérêts de la dette flottante et des capitaux de cautionnement et les pensions de toute catégorie.

Chapitre 62. — *Dépenses des exercices clos.*

Crédit voté à la Chambre des Députés et proposé au Sénat . . . . Mémoire

A ce chapitre, prévu pour *mémoire* au budget, on impute les dépenses restant à solder au titre des exercices expirés, qui ne sont pas *périmées*, c'est-à-dire qui ne sont pas encore atteintes par la déchéance quinquennale.

Quatrième Partie. — **Frais de Régie.**

Chapitre 63. — *Personnel de l'Administration
des Contributions directes.*

Crédit voté en 1901. . . . . 4.186.500 fr.

Crédit voté à la Chambre des Députés . . . 4.201.500 fr.

Crédit proposé au Sénat. . . . . 4.197.750 fr.

Augmentation, sur 1901, de. . . . . . 11.250 fr.

En 1901, on a autorisé la création de 2 inspecteurs,
13 contrôleurs principaux et 2 contrôleurs ordinaires, à raison des besoins du service *(Rapport de la Commission
des finances du Sénat sur l'exercice 1901, p. 49).*
Le crédit total applicable à ces créations est de 75.000
francs. Tous les emplois ne devant pas être remplis immédiatement, le crédit a été réduit à 60.000 francs. Pour 1902,
les emplois seront tous créés. Il y a donc lieu d'allouer la
dépense complète, en augmentant le crédit de 15.000 francs;
mais il faut faire déduction de la fraction représentant les
3/12e de l'année, puisque les créations ne peuvent être faites
avant le 1er avril prochain.

L'augmentation est donc ramenée à . . . 11.250 fr.

Chapitre 64. — *Dépenses diverses de l'Administration
des Contributions directes.*

Crédit voté en 1901 . . . . 1.596.700 fr.

Crédit voté à la Chambre des Députés et
proposé au Sénat. . . . . 1.596.700 fr.

CHAPITRE 65. — *Frais relatifs aux rôles des contributions directes.*

Crédit voté en 1901 . . . .   1.275.910 fr.
Crédit voté à la Chambre et proposé au Sénat.   1.272.580 fr.

En moins.   3.330 fr.

La diminution s'explique ainsi :

Réduction du nombre des articles des rôles d'impositions communales extraordinaires. . . . .   3.540 fr.
Augmentation du nombre des avertissements relatifs aux rôles spéciaux pour frais de bourse et de Chambre de commerce. . . . .   210 fr.

Reste. . . . .   3.330 fr.

Le crédit de ce chapitre comprend les frais d'assiette et de confection des rôles et avertissements établis au compte de l'État, y compris les frais de confection et d'expédition des avertissements des rôles spéciaux d'impositions extraordinaires départementales et communales et des rôles pour frais de bourses et de Chambre de commerce.

On demande fréquemment que les avertissements fassent ressortir la part des impôts communaux.

D'après les renseignements fournis récemment à la Commission des finances, cette modification à été de nouveau étudiée. Mais elle occasionnerait une dépense de plus de 376.000 francs.

La situation budgétaire ne permet pas de la proposer.

Chapitre 66. — *Frais relatifs à l'application de l'article premier de la loi du 21 juillet 1897.* (Remises sur la contribution foncière des propriétés non bâties.)

Crédit voté en 1901 . . . . 150.000 fr.

Crédit voté à la Chambre et proposé au Sénat. 150.000 fr.

Aux termes d'une décision ministérielle du 30 juin 1898, les percepteurs chargés du travail relatif au dégrèvement doivent recevoir une indemnité proportionnelle au nombre des articles.

Pour 1898, il a dû être pourvu à cette dépense par un crédit supplémentaire de 900.000 francs.

Pour 1899, il n'a été voté qu'un crédit de 400.000 francs, par suite de mesures de simplification qui ont permis de réduire les travaux de l'instruction des demandes.

En 1900, il a été créé des états de dégrèvements quadriennaux qui permettront de n'inscrire la dépense totale au budget que tous les quatre ans. Pour 1901, on s'est servi des états de dégrèvement établis pour 1900, ce qui réduit la prévision de dépense à 150.000 francs.

La prévision du crédit de 1902 n'est pas modifiée.

Le tableau ci-après présente, en ce qui concerne les années 1898, 1899 et 1900, les résultats de l'application de l'article 1er de la loi du 21 juillet 1897 qui a accordé, à partir du 1er janvier 1898, des remises sur la contribution foncière des propriétés non bâties aux contribuables dont les cotes uniques ou totalisées ne dépassent pas 25 francs (part de l'Etat), lorsque la part revenant à l'État sur la contribution mobilière à laquelle ils sont assujettis dans leurs diverses résidences ne dépasse pas 20 francs.

ANNÉES	DÉGRÈVEMENT		NOMBRE total des cotes fonciòr s comprises dans les rôles.	MONTANT de la part de l'État dans le produit total de la contribution foncière. (propriétés non bàties.)	RAPPORT	
	Nombre des articles dégrevés.	Montant des remises accordées.			du nombre des articles dégrevés au nombre total des cotes. Col. 2 et 4.	du montant des remises au produit f·· de la contribu- tion (part de l'État.) Col. 3 et 5.
	fr.	fr. c.		fr. c.		
1898.........	6.247.608	16.604.507 47	13.831.692	118.705.736 04	45	14
1899.........	5.866.220	15.777.376 10	13.775.697	120.749.628 69	43	13
1900.........	5.629.175	15.435.789 94	13.615 945	120.658 117 45	41	13

Ainsi, pour 1900, la dernière année dont la statistique soit connue, un dégrèvement de 15.436.000 francs s'est distribué entre 5.629.000 cotes. Cela représente pour chacune une somme de moins de 3 francs.

CHAPITRE 67. — *Frais relatifs aux rôles des taxes assimilées.*

Crédit voté en 1901.................... 900.000 fr.
Crédit voté à la Chambre des Députés et proposé au Sénat................ 914.400 fr.

En plus..... 14.400 fr.

Cette augmentation est justifiée par l'accroissement qui se produit chaque année dans le nombre des articles des rôles de la contribution sur les voitures, chevaux, etc..., et principalement de la taxe sur les vélocipèdes.

CHAPITRE 68. — *Frais de fabrication des plaques
de contrôle des vélocipèdes.*

Crédit voté en 1901. . . . .   25.000 fr.

Crédit voté à la Chambre des Députés et proposé
au Sénat. . . , ... : . . . .   25.000 fr.

La taxe des vélocipèdes qui était de 781.687 francs la
première année et qui avait monté à 1 501.830 francs la
seconde, est évaluée en 1902 à 5.250.600 francs.

CHAPITRE 69. — *Frais de distribution des avertissements.*

Crédit voté en 1901. . . : . . . . , . .   488.770 fr.
Crédit voté à la Chambre des Députés et proposé
au Sénat.. . . . .   489.550 fr.

En plus. . . . .   780 fr.

Augmentation provenant de l'accroissement du nombre
des articles du rôle, évalués, pour 1902, à 24.477.500 francs,
à raison de 2 centimes par article.

Une insuffisance de 13.000 francs s'est produite en
1901 et a nécessité l'allocation d'un crédit supplémentaire,
mais l'Administration estime que cette situation ne se re-
nouvellera pas en 1902 et le Ministre ne demande pas le relèvement du crédit voté par la Chambre des Députés.

CHAPITRE 70. — *Personnel du cadastre.*

Crédit voté en 1901. . . . . , ...   66.910 fr.
Crédit voté à la Chambre et proposé au Sénat .   67.110 fr.

En plus. . . . .   200 fr.

Le Gouvernement avait demandé une augmentation de 14.400 francs pour accroître le nombre des élèves géomètres. Mais la Commission du budget s'est convaincue que le personnel actuel suffisait pour les travaux à effectuer en 1902. Elle a repoussé la demande. Elle n'a accordé qu'une augmentation de 200 francs destinée à relever le traitement du conducteur des ponts et chaussées, adjoint à l'ingénieur des mines, afin de placer cet agent dans la même situation que ses collègues des Travaux publics. Dans le budget rectifié du 17 décembre 1901, le Gouvernement a accepté la réduction de 14.400 francs applicable aux élèves géomètres.

CHAPITRE 71. — *Subventions, triangulation, matériel et dépenses diverses.*

Crédit voté en 1901 . . . .   222.310 fr.
Crédit proposé au Sénat . . . , ... , ...   222.310 fr.

Il avait été demandé au Sénat une augmentation de 1.200 francs, pour frais de loyer, chauffage et éclairage du bureau central technique, dont l'extension semblait devenue nécessaire.

Le Gouvernement a renoncé à cette augmentation dans le projet de budget rectifié du 17 décembre 1901

CHAPITRE 72. — *Mutations cadastrales.*

Crédit voté en 1901 . . . .   670.000 fr.
Crédit proposé pour 1902 . . . .   640.000 fr.
Diminution de. . . . .   30.000 fr.

par suite de la réduction prévue dans le nombre des mutations.

Chapitre 73. — *Dépenses relatives à l'évaluation du revenu net des propriétés bâties.*

Crédit voté en 1901 . . . . 150.000 fr.
Crédit voté par la Chambre des Députés et pro-
    posé par le Sénat . . . . 10.000 fr.

               Diminution. . . . . . 140.000 fr.

L'Administration doit procéder, en vertu de la loi de finances de 1899, à la revision décennale du revenu des propriétés bâties (loi du 8 août 1890, art. 8). Elle a commencé ce travail au mois d'août 1899 et elle le continuera pendant l'année 1902. C'est à cette opération que s'applique le crédit demandé de 10.000 francs.

La loi sur la revision des revenus de la propriété non bâtie qui a été votée au Sénat le 10 mars 1899 n'a pas encore été discutée à la Chambre des Députés.

On peut regretter le retard apporté à cette amélioration si vivement sollicitée par l'agriculture, dans l'intérêt de la péréquation de l'impôt.

Chapitre 74. — *Remises proportionnelles des percepteurs, indemnités aux percepteurs surnuméraires et frais divers.*

Crédit voté en 1901 . . . . 11.098.000 fr.
Crédit voté par la Chambre et proposé au
    Sénat . . . . 11.098.000 fr.

Un crédit supplémentaire de 40.000 francs a été alloué sur l'exercice 1901, parce que le recouvrement a dépassé de 15 millions les prévisions budgétaires.

Il n'y a aucune raison de penser que cette augmentation

ne se reproduira pas en 1901 et la nécessité d'un relèvement de crédit aurait paru justifiée.

Cependant, le Gouvernement ne le demande pas et il déclare que, pour 1902, le crédit voté lui suffira.

CHAPITRE 75. — *Indemnités et secours aux porteurs de contraintes.*

Crédit voté en 1901 . . . . 435.000 fr.
Crédit voté par la Chambre et proposé au
  Sénat . . . . 375.000 fr.

En moins. . . . . 60.000 fr.

Cette réduction a pour but de permettre un plus grand nombre de substitutions de facteurs aux porteurs de contraintes, pour la signification des actes de poursuites.

Si cette réforme, dont l'étude est très avancée, réussit, il est à prévoir que la suppression d'un certain nombre de porteurs de contraintes aura pour conséquence l'allocation d'indemnités ou de secours temporaires aux agents rémunérés. Il en résultera une augmentation dans les dépenses de l'espèce. Mais le Gouvernement estime sans doute que le crédit total lui permettra d'y faire face, car il n'a sollicité aucune augmentation de ce chef.

CHAPITRE 76. — *Frais de perception des amendes et condamnations pécuniaires en France.*

Crédit voté en 1901. . . . . 250.000 fr.
Crédit voté par la Chambre et proposé au
  Sénat . . . . 245.000 fr.

En moins . . 5.000 fr.

L'application de plus en plus fréquente de la loi de sursis diminue le montant des amendes recouvrées, et, par voie de conséquence, le montant de frais de perception qui s'y appliquent.

CHAPITRE 77. — *Frais de perception des centimes communaux et des impositions pour les Bourses et Chambres de commerce, et des taxes additionnelles pour fonds de garantie.*

Crédit voté en 1901. . . . . 6.442.281 fr.
Crédit voté par la Chambre des Députés et
    proposé au Sénat. . . . . 6.506.447 fr.
             En plus. . . . .   64.166 fr.

Augmentation correspondant à l'accroissement des centimes communaux.

Cette dépense est compensée par une recette égale, les frais de perception des centimes additionnels, pour les communes, Bourses et Chambres de commerce, étant payés par les contribuables.

Pour 1901, les recettes ont dépassé les prévisions et nécessité l'allocation d'un crédit supplémentaire de 190.000 fr. L'administration estime néanmoins que le crédit voté par la Chambre des Députés sera suffisant.

CHAPITRE 78. — *Secours renouvelables aux anciens percepteurs, aux veuves et aux orphelins de percepteurs.*

Crédit voté en 1901 . . . . 200.000 fr.
Crédit voté par la Chambre et proposé au
    Sénat . . . . 200.000 fr.

Sans observations.

CHAPITRE 79. — *Personnel de l'Administration de l'Enregistrement, des Domaines et du Timbre.*

Crédit voté en 1901. . . . .   15.831.650 fr.

Crédit demandé dans le projet primitif. . .   15.863.310 fr.

Crédit rectifié par le Gouvernement, le
17 décembre 1901. . . . .   15.855.910 fr.

Crédit voté par la Chambre . . . .   15.855.910 fr.
Crédit proposé au Sénat . . . .   15.832.010 fr.

En moins. . . . .   23.900 fr.

Dans son projet de budget le Gouvernement a proposé diverses augmentations tendant à améliorer la situation du personnel.

I. — Receveurs-Rédacteurs

La première mesure concerne la transformation de certains receveurs-rédacteurs en sous-inspecteurs.

D'après l'organisation ancienne de l'Administration de l'Enregistrement, un receveur-rédacteur (autrefois qualifié de premier commis) est attaché à chaque Direction pour procéder, sous l'autorité, la surveillance immédiate et l'entière responsabilité du Directeur, à l'instruction des affaires, la préparation de la correspondance et la tenue des registres de la Direction.

En raison des travaux supplémentaires occasionnés par l'application des nouvelles lois d'impôt, un deuxième emploi de receveur-rédacteur a été créé auprès des Directions départementales les plus importantes.

Cette collaboration a produit de très heureux résultats.

La proposition annuelle de l'Administration a pour but de la fortifier.

Les travaux contentieux et d'instruction n'ont cessé de s'accroître dans toutes les directions ; ils occasionnent un surcroît de charges considérables dans les départements importants, et la surveillance personnelle des chefs de service devient impuissante à s'exercer sur tous les points qui la nécessitent.

Ce surcroît provient de l'application des lois nouvelles, qui ont profondément modifié les bases de certaines perceptions fiscales, notamment des lois sur la réforme hypothécaire et sur le régime des successions.

Or, les nouveaux receveurs-rédacteurs utilement employés pour ces travaux difficiles quittent aujourd'hui leurs fonctions au moment où, formés par un séjour un peu prolongé dans les bureaux de la Direction, ils seraient en état de rendre plus de services et ils sont remplacés par des jeunes employés dont le Directeur doit recommencer l'instruction.

Il s'agirait de maintenir les receveurs-rédacteurs dans leurs fonctions au moment où ils sont appelés à la sous-inspection, c'est-à-dire de les nommer sous-inspecteurs sur place dans leur emploi, et de les y maintenir à ce titre aussi longtemps que l'exigent les besoins du service et la nécessité de ne pas les tenir trop longtemps éloignés du contrôle actif dont l'habitude est indispensable pour l'inspection vers laquelle ils se dirigent.

Cette mesure, qui n'est que la suite et comme le prolongement de la création même des receveurs-rédacteurs, aura les conséquences financières suivantes :

Augmentation du traitement moyen de
10 sous-inspecteurs. . . . . 39.500 fr.

Diminution du traitement moyen de 10
receveurs-rédacteurs . . . . 25.000 fr.

En plus. 14.500 fr.

Mais comme la réalisation de cette réforme ne doit s'opérer que successivement à proportion de la nomination au grade de sous-inspecteur, des rédacteurs actuellement en fonctions, on estime, d'après le cours présumé des vacances en 1902, que le supplément de crédit applicable au reste de l'exercice ne sera que de 5.000 francs.

Nous faisons remarquer que la mesure devant avoir pour objet de fortifier le service du contentieux des directions, les directeurs auront de moins en moins besoin de confier ces travaux aux agents du contrôle et qu'en laissant ces derniers à leurs fonctions normales, ils pourront développer la recherche de la matière imposable et activer la découverte des droits.

Le Gouvernement a prévu sur l'article 2 une économie de 2.400 francs pour la suppression d'un emploi de receveur-contrôleur devenu inutile par suite de la centralisation dans un même local des services de la direction de l'enregistrement de Lille.

Cette économie ne peut qu'être approuvée et il y a lieu de penser qu'elle est définitive.

II. — Agents du cadre auxiliaire.

Lors du vote du budget de 1901, il a été décidé par les Chambres, sur les propositions conformes de leurs Commissions du budget et des finances, qu'une somme de 52.760 francs serait ajoutée à l'article 6 du chapitre 78 pour améliorer le traitement des agents du cadre auxiliaire. Mais, le Gouvernement a été expressément invité à prélever ce crédit nouveau sur les autres articles du chapitre, notamment sur l'article 3 des remises des receveurs, de manière que le total au chapitre reste le même de ce chef.

Le Gouvernement n'a fait alors aucune objection à cette invitation du transfert de crédit dans l'intérieur du même chapitre.

Cependant la volonté du Parlement n'a pas été exécutée. L'arrêté de répartition n'a modifié ni le crédit primitif de l'article 6, ni aucun des crédits des autres articles du chapitre. De telle sorte que nulle augmentation n'a été accordée, pendant le cours de l'année aux agents du cadre auxiliaire contrairement aux intentions formelles des Chambres. La Commission du budget en a manifesté sa surprise et nous partageons son sentiment.

Le crédit de l'article 6, sur lequel le Gouvernement était invité à imputer le chiffre de 52.760 francs, était, en effet, très suffisant pour supporter ce prélèvement.

Le montant total des dépenses payées en 1901 sur cet article au titre des remises s'est élevé à 11.621.444 fr. 88. Or, le crédit de prévision, inscrit au budget, montait à 11.860.560 francs ; un excédent de 179.115 fr. 20 apparaît donc aujourd'hui et il est surabondamment établi que le transfert demandé par les Chambres pouvait avoir lieu.

Le Gouvernement reconnaît maintenant l'opportunité d'un relèvement des traitements du cadre auxiliaire dont les Commissions parlementaires avaient, l'an dernier, pris l'initiative. Il propose seulement de limiter le crédit destiné à cette amélioration au chiffre de 26.660 francs, au lieu du chiffre de 52.760 francs indiqué l'an dernier. L'Administration fait remarquer que l'emploi immédiat de la totalité du crédit ancien conduirait à accorder aux agents des avancements exagérés. Ils recevraient, |avec les indemnités ordinaires dont ils jouissent, des émoluments qui ne seraient pas toujours en rapport avec leurs services et la durée de leurs fonctions et qui dépasseraient quelquefois le traitement des agents dn cadre supérieur. La somme de 26.660 francs a paru suffisante pour accorder les améliorations demandées à des employés qui, jeunes pour la plupart et faisant partie d'un cadre secondaire, ne sauraient prétendre à un traitement plus élevé que celui de la moyenne de certains sous-inspecteurs.

Nous proposons, en conséquence, l'augmentation de 26.660 francs demandée par le Gouvernement. Mais nous ne le faisons, d'accord avec la Commission du budget de la Chambre, qu'à la condition très expresse que cette fois la somme de 26.660 francs sera prélevée sur l'article 3 relatif aux remises des receveurs, lequel, comme on l'a établi ci-dessus, présente un disponible de 179.115 fr. 20.

L'augmentation de 26.660 francs s'applique, a'ailleurs, à l'exercice entier et ce chiffre devra figurer aux budgets 1903 et suivants ; mais pour 1902, il suffit d'allouer les neuf dixièmes de ce crédit, soit 20.000 francs.

Remises des receveurs.

Cet article est doté dans le projet de budget d'un crédit total de. . . . . 11.800.560 fr.

Il doit subir d'abord le prélèvement de 9 douzièmes du crédit destiné à l'amélioratiou du traitement des agents du cadre auxilliaire, soit. . . . . . 20.000 fr.

De plus, la Chambre des Députés a voté, sur le chapitre 80, une augmentation de 5.000 francs destinée au personnel de l'atelier du timbre, avec l'indication que ce crédit serait prélevé sur le chapitre 79, à l'article des Remises des Receveurs : soit pour les neuf douzièmes de 1902 . . . . . . 3.900 fr.

Total.	23.900 fr.	23.900 fr.	»
Ce qui réduit le chiffre réel de l'article 3 pour 1902 à.		11.776.660 fr.	» »
Les dépenses de 1901 n'ont été, on l'a vu ci-dessus, que de		11.621.444	80
De sorte qu'il reste encore un excédent de prévision de.		155.215 fr.	19

Or, les dépenses de 1901 représentent exactement les dépenses à prévoir pour 1902, car les remises sont réglées par un décret du 11 février 1901, qui les fixe à une somme devant rester invariable jusqu'à nouvel ordre et ne pouvant être modifiée comme autrefois par l'augmentation des recettes.

Il pourrait paraître inutile, dans ces conditions, de maintenir l'excédent de 155.215 fr. 19 dans le chiffre du crédit de 1902 : l'exactitude et la sincérité budgétaires font une règle de réduire les prévisions aux besoins réels.

Nous ne vous proposons pas cependant cette réduction. La raison en est que la détermination du mode actuel de rémunération des receveurs est essentiellement provisoire. On l'a adopté comme mesure transitoire pour ne pas apporter dans les traitements des troubles que l'incertitude du résultat financier de la réforme successorale ne permettait ni d'apprécier ni de prévenir par une réglementation définitive. Il a été dans l'intention du parlement en 1901 que le régime nouveau n'augmentât point les crédits. Mais il n'est pas entré non plus dans sa pensée que les receveurs en éprouvassent un préjudice. L'Administration devra faire tous ses efforts pour que cette situation provisoire cesse le plus tôt possible et pour qu'un régime définitif prenne promptement la place du régime transitoire. Il se peut donc qu'au courant de l'exercice 1902 des dispositions soient arrêtées à cet égard. Dans ces conditions, il a semblé expédient à la Commission du budget de la Chambre et à la Chambre elle-même de laisser tel qu'il est le chiffre du crédit des remises, afin de permettre au Gouvernement de réaliser la réforme sans la subordonner à la demande d'un crédit supplémentaire. Si la réforme n'est pas accomplie, l'excédent du crédit actuel tombera en annulation.

Nous partageons ce sentiment.

En résumé et par suite des transferts dont il s'agit, le crédit total du chapitre 79 se trouve diminué de 23.900

francs dont le prélèvement doit avoir lieu sur l'article 3 (20.000 + 3.900).

CHAPITRE 80. — *Personnel de l'atelier général du timbre.*

Crédit voté en 1901 . . . . 250.000 fr.

Crédit voté par la Chambre des Députés. . . . 255.000 fr.

Crédit proposé au Sénat. . . . . 253.900 fr.

La Commission du budget de la Chambre des Députés a proposé d'augmenter le chapitre de 5.000 francs, afin d'améliorer le traitement des ouvriers titulaires de l'atelier les moins favorisés. Cette augmentation est compensée par une diminution de 5.000 francs opérée sur le chapitre 79 (Remise des receveurs).

Elle a été votée par la Chambre des Députés et acceptée par votre Commission, sous la déduction des 3/12e applicables au premier trimestre, soit . . . . 3.900 fr.

Il a été demandé à la Chambre des Députés que cette augmentation fût généralisée et qu'on élevât à 2.000 francs le traitement de début qui est aujourd'hui à 1.200 francs. Aucune suite n'a été donnée à cette proposition.

CHAPITRE 81. — *Matériel de l'Administration de l'enregistrement, des domaines et du timbre.*

Crédit voté en 1901 . . . . 160.790 fr.
Crédit voté par la Chambre des Députés et proposé au Sénat. . . . . 163.800 fr.

Augmentation. . . . . 3.010 fr.

La différence s'explique ainsi :

1° Économie de 790 francs sur les frais de transport, en substituant les approvisionnements semestriels aux approvisionnements trimestriels ;

2° Augmentation de 400 francs sur les frais divers et accidentels, motivée par la moyenne des dépenses effectuées pendant les cinq dernières années ;

3° Augmentation de 3.400 francs, résultant de la réunion dans un même immeuble de tous les bureaux de Lille. (Supplément de loyer de 2.800 francs et costume du concierge, 600 francs.)

Mais cette augmentation est compensée par une économie sur le traitement d'un receveur contrôleur devenu sans objet (2.400 francs, art. 79), et d'indemnités diverses montant à 1.000 francs qui cesseront d'être dues. (Voir le chap. 83.)

La mesure est, en elle-même, à approuver. L'Administration pense, non sans raison, que la centralisation des services sera avantageuse au Trésor sans avoir d'inconvénient pour le public.

Chapitre 82. — *Matériel de l'atelier général du timbre.*

Crédit voté en 1901. . . . . 613.000 fr.
Crédit voté par la Chambre et proposé au
    Sénat . . . . 653.000 fr.
              En plus. . . . . . 40.000 fr.

Augmentation motivée par la hausse des prix des récents marchés de fournitures de papiers.

Chapitre 83. — *Dépenses diverses de l'Administration de l'enregistrement, des domaines et du timbre.*

Crédit voté en 1901 . . . . 1.815.000 fr.

Crédit voté par la Chambre des Députés. . . 1.892.340 fr.

Crédit proposé au Sénat. . . . . 1.890.500 fr.

Ce chapitre éprouve une augmentation résultant de la création de dix sous-inspecteurs à substituer à un nombro égal de receveurs-rédacteurs près les Directions de l'Enregistrement.

Le Gouvernement et la Chambre ont attribué à ces dix sous-inspecteurs des frais de tournées qui s'élèvent pour chacun d'eux à 800 francs, soit une dépense totale de 8.000 francs.

Mais la suppression des dix rédacteurs entraîne la suppression des indemnités de résidence de 400 francs qui sont aujourd'hui allouées à ces agents, soit 4.000 francs.

L'augmentation nette serait donc, pour l'exercice entier de 4.000 francs. Elle figure au projet de budget de 1902 pour 1.200 francs seulement, parce que la mesure ne sera appliquée que partiellement.

Cette attribution ne semble pas possible.

En effet, comme on l'indique ci-dessus, les nouveaux sous-inspecteurs vont être exclusivement chargés de travaux de rédaction dans les bureaux de la Direction. Ils ne sont astreints à aucun déplacement. Ils ne sauraient donc avoir droit aux frais de tournées qui sont alloués, à titre de forfait, à ceux de leurs collègues chargés du contrôle des bureaux de recettes et de la vérification sur place des dépôts publics dans une circonscription plus ou moins étendue.

Ne devant pas faire de tournées, il est impossible de leur allouer l'indemnité budgétaire qui est votée sous ce titre au profit des agents obligés à des déplacements périodiques.

Quant à l'indemnité de résidence dont jouissent aujourd'hui certains receveurs-rédacteurs, elle a été créée pour compenser l'infériorité de traitement de ces employés. Elle ne s'appliquerait donc pas de plein droit à des agents qui entrent dans le cadre supérieur avec des émoluments de 3.500 à 4.000 francs.

Cependant, on pourrait craindre que l'absence de toute indemnité, en réduisant l'émolument de l'emploi au traitement fixe, ne détourne certains rédacteurs de leur maintien sur place et ne détermine leurs préférences pour une fonction plus rétribuée. Il semble opportun, en conséquence, de leur laisser une indemnité de 500 francs sensiblement égale à celle qui appartient aujourd'hui aux receveurs-rédacteurs des grandes villes.

L'article 3 du chapitre 83 (Frais de tournées) serait donc laissé au chiffre actuel. D'où une économie de 8.000 francs sur les propositions du Gouvernement, adoptées par la Chambre des Députés.

Mais le crédit des indemnités de résidence des rédacteurs serait conservé et majoré de 1,000 francs. Il s'élèverait pour l'exercice entier à 5.000 francs. Seulement la création des nouveaux emplois ne devant avoir lieu qu'à mesure des vacances et le crédit ne s'appliquant qu'aux neuf douzièmes de l'année, il paraît suffisant d'allouer le tiers de la dépense ou, en chiffres ronds, 400 francs.

C'est donc de cette somme, au lieu de celle de 1.200 fr., qu'il y a lieu d'augmenter le chapitre.

Finalement, le chapitre 83 diminue de 5.200 francs sur l'article 3 et augmente de 4.400 francs sur l'article 10, ce qui fait ressortir l'économie à 800 francs.

Le même chapitre 83 comporte une économie de 1.000 francs, provenant de la réorganisation des bureaux de Lille (V. chapitre 31).

Enfin, on transporte à ce chapitre un crédit de

76.140 francs. à prendre sur le chapitre 91 de l'Administration des contributions indirectes pour le transfert à l'Administration de l'enregistrement du service de recouvrement de certaines redevances domaniales (Loi des douzièmes provisoires).

L'ensemble du chapitre comporte, pour ces diverses causes, une augmentation de 75.540 francs sur le crédit voté en 1901.

Le crédit demandé pour 1902 s'élève ainsi à 1 million 890.500 francs.

CHAPITRE 84. — *Personnel de l'administration des douanes.*

Crédit voté en 1901. . . . . 30.723.562 fr.
Crédit voté par la Chambre et proposé au
   Sénat . . . . 30.783.542 fr.
              Augmentation . . . . . 59.980 fr.

Cette augmentation résulte d'un ensemble de mesures nécessaires pour renforcer la surveillance.

Elle s'applique pour 27,000 francs à une augmentation à la charge du budget de l'Etat. Cette augmentation a pour but de majorer les indemnités de résidence allouées aux agents des brigades et les allocations pour charges de famille ou gratifications, conformément aux déclarations faites par le Gouvernement le 17 décembre 1900, lors de la discussion du budget à la Chambre.

Cette augmentation recevra son emploi intégral pendant l'année 1902.

La seconde augmentation a pour objet des emplois dont les frais sont à la charge du Trésor et dont la création est devenue indispensable pour l'exécution des lois qui ont confié à la douane certaines surveillances.

Ces créations ont eu lieu dès le début de l'année, sous la pression des besoins locaux et les droits sont acquis également pour l'exercice entier.

Dans son dernier projet de budget rectifié du 17 décembre 1901, le Gouvernement a proposé d'introduire dans les crédits du chapitre 84 les remises dues aux agents des douanes pour la perception des péages locaux temporaires établis dans les ports, perception dont le service a été confié à la douane par le projet de loi sur la marine marchande. Ces remises étaient jusqu'à présent déduites du montant des sommes versées par les intéressés. Mais ce procédé, justement critiqué par la Cour des comptes, était contraire aux règles de la Comptabilité publique. C'est pour rentrer dans la légalité que les remises figureront désormais parmi les dépenses budgétaires, tandis que les versements correspondant seront inscrits aux recettes accidentelles. Leur évaluation, pour 1902, est de 24.480 francs.

La Chambre a adopté sur ce chapitre la résolution suivante :

« Considérant que l'un des meilleurs moyens de défendre les finances du pays, c'est de rétribuer convenablement les agents du Trésor, la Chambre des Députés invite le Gouvernement à préparer les mesures nécessaires pour améliorer la situation des agents du service actif des douanes tant au point de vue du traitement qu'à celui des retraites. Elle invite également le Ministre des finances à appliquer la circulaire du 23 avril 1898 (Pensions militaires). »

Cette résolution, acceptée par le Gouvernement, avait été précédée d'une discussion dans laquelle on sollicitait le relèvement des traitements, l'extension des indemnités de résidence et d'autres mesures analogues. De pareilles mesures devant se traduire par de notables augmentations de crédits et constituer des précédents applicables à bien d'autres services publics, ne sauraient évidemment être préparées avec trop de réflexion surtout dans un moment où nos recettes sont en décroissance.

Chapitre 85. — *Matériel de l'Administration des douanes.*

Crédit voté en 1901. . . . . : . . . .   452.580 fr.

Crédit voté par la Chambre des Députés et proposé au Sénat . . . .   452.580 fr.

Sans observation.

Chapitre 86. — *Construction d'une caserne des douanes à Marseille.. . . . .*   1.500.000 fr. »

En vertu de la loi du 3 juillet 1900,
le total de la dépense est évalué à . . . .   3.939.622 fr. 07
et la construction devait être achevée pour le 29 septembre 1902, date de l'expiration du bail de la caserne actuelle.

Les travaux ont été adjugés, le 1er août 1901, pour 3.756.598 fr. 53, non compris une somme de 132.712 fr. 63 pour frais et honoraires. Ils ont été entrepris immédiatement; mais il n'a pu être dépensé sur le crédit 1901 que 500.000 francs environ. Le reste tombera en annulation. L'entreprise sera très vivement poursuivie en 1902 et le crédit de 1.500.000 francs ne paraît pas excessif pour répondre aux besoins.

On estime que la caserne sera prête pour le mois d'avril 1903. Le bail de la location actuelle, qui devait prendre fin le 29 septembre 1902, a été prolongé de deux ans.

CHAPITRE 87. — *Dépenses diverses de l'Administration des douanes*

Crédit voté en 1901. . . . . 1.356.000 fr.
Crédit voté par la Chambre des Députés et
    proposé au Sénat. . . . . 1.355.600 fr.

                   En moins. . . . .   400 fr.

Cette différence est ainsi justifiée :

1° Transport au chapitre du matériel des laboratoires (n° 60), de la partie de crédit correspondant au loyer du laboratoire de Rouen installé dans un immeuble loué par la douane. . . . . 1.200 fr.
    2° Augmentation résultant de modifications
dans les dépenses remboursables à l'État. . . .   800 fr.

               Reste en moins. . . . .   400 fr.

CHAPITRE 88. — *Personnel de l'Administration des contributions indirectes.*

Crédit voté en 1901 . . . . 33.090.890 fr.

Crédit voté par la Chambre des Députés. . 33.158.050 fr.

Crédit proposé au Sénat . . . . 33.121.950 fr.

             En moins.   36.100 fr.

Cette différence s'explique de la manière suivante :

1° Un programme de relèvement du traitement du personnel secondaire a été présenté au Parlement en 1889. Il a été en partie réalisé par l'allocation d'un premier crédit de 237.830 francs au budget de 1889, et d'un second crédit de 294.870 francs au budget de 1900. *(Rapport de la Com-*

mission des finances, page 68.) Pour achever le programme, il restait à demander un crédit de 289.400 francs. La moitié, en chiffres ronds 145.000 francs, a été inscrite au budget de 1901. l'autre moitié, ou 144.400 francs figurait au projet de budget de 1902. L'Administration pourra ainsi élever le traitement d'un certain nombre de commis principaux de 4° classe et de 5° classe qui attendent depuis longtemps cette très légitime augmentation, et au zèle desquels il devient nécessaire de faire appel pour l'application de la nouvelle loi sur les boissons.

A raison du retard dans le vote de la loi de finances, il ne peut être alloué aujourd'hui pour 1902 que les 9/12°ˢ du crédit, le surplus devant figurer au budget de 1903. Le crédit de 144.400 francs se trouve réduit à 108.300 francs avec une économie de 36.100 francs.

2° Augmentation du montant des indemnités aux surnuméraires adjoints aux sections de surveillance des fabriques de sucre ou des râperies, pendant la durée des travaux qui ont lieu dans le dernier semestre de l'année . . . . 27.000 fr.

3° Création d'emplois dont la dépense est remboursée à l'État, et qui existent depuis le début de l'année 1902. . . . . 8.900 fr.

Une diminution de 119.000 francs est applicable aux indemnités dues aux agents chargés de la surveillance des opérations de sucrage, par suite de l'application de l'article 16 de la loi du 29 décembre 1900, dont les dispositions sont de nature à diminuer les opérations de sucrage.

Nous ferons remarquer que le crédit du chapitre ne représente pas pour sa totalité des dépenses définitives. Il est, en partie, compensé par des recettes spéciales ayant le caractère de remboursement. Ces recettes, prévues au budget de 1902, sont les suivantes :

Indemnités pour exercices dans l'intérieur des villes (octroi) . . . . 570.000 fr.

Indemnités pour frais de surveillance des entrepôts de sucre, fabrique de soude, etc. 348.200

Redevance de 30 centimes imposée aux fabricants de sucre par la loi du 4 juillet 1885 2.305.500

Redevance de 4 centimes par 100 kilogrammes de sucre en poudre introduit dans les raffineries 127.900

Redevance de 1 franc par 100 kilogrammes de sucre employé au sucrage. . . . 171.000

Total. . . . . 3.522.600 fr.

4° On a transporté au chapitre 83 un crédit de 4.140 fr. pour la substitution des agents des domaines à ceux des contributions indirectes dans le recouvrement de certaines redevances (en exécution de la loi de douzièmes).

Un crédit supplémentaire de 162.400 francs avait été demandé sur l'exercice 1901, pour acquitter le supplément de dépense résultant de la substitution de traitement fixe aux remises proportionnelles payées aux receveurs buralistes. Mais la dépense réelle, récemment connue, n'a dépassé que de 100.000 francs les prévisions, et le Gouvernement estime que ce supplément peut être payé avec les ressources générales du chapitre.

Il y a d'autant plus lieu de maintenir, sans majoration, le crédit de 1901, que le nouveau système ayant pour objet de substituer aux remises proportionnelles formant la rémunération des buralistes un traitement fixe établi d'après la moyenne des remises payées à chaque ayant droit durant les années 1898, 1899 et 1900, n'a été mis en vigueur qu'à partir du 1er mai dernier. Il n'a donc fonctionné que pendant huit mois de l'exercice. Or, l'économie importante qu'il permet de réaliser produira, cette année, son effet complet et, dans ces conditions, on a pu évaluer comme devant être suffisant pour faire face aux besoins de 1902 le chiffre du crédit budgétaire de 1901.

Il a été déposé, au cours de la discussion à la Chambre des Députés, un amendement portant réduction de 158.050 francs à titre d'indication, pour inviter le Gouvernement à diminuer le nombre des employés du service actif devenu trop considérable depuis la suppression du droit sur les boissons hygiéniques. Cet amendement a donné lieu aux observations suivantes du Ministre : « Je proteste contre toute réduction dans le personnel des contributions indirectes, réduction que je ne saurais accepter à aucun titre. Ce n'est pas au moment où les recettes des contributions indirectes fléchissent que je vais supprimer un nombre plus ou moins grand d'employés de cette administration. Ce n'est pas au moment où l'on me demande de surveiller dans la mesure de ce qui est légitime et raisonnable les fraudes communales qu'on peut supprimer l'agent indispensable pour arriver à leur répression. »

L'amendement a été repoussé par 325 voix contre 200.

CHAPITRE 89. — *Matériel de l'Administration des contributions indirectes.*

Crédit voté en 1901. . . . . ; . . . . . 457.380 fr.
Crédit voté par la Chambre des Députés et proposé au Sénat. 489.380

En plus. . . . . 32.000 fr.

Cette augmentation concerne principalement le renchérissement des prix d'adjudication des flans ou plombs.

L'augmentation de la production sucrière exige en outre l'emploi d'une plus grande quantité de plombs et ficelles et la fourniture d'alcoomètres, thermomètres, alambics d'essai

et autres instruments destinés à la surveillance de la fabrication des bouilleurs de cru.

Une somme de 298.000 francs est remboursée à l'État
par les contribuables, pour le prix des plombs apposés sur
les sels, sucres, etc.

Un crédit supplémentaire de 25.000 francs a été alloué
en 1901 pour insuffisance des prévisions budgétaires sur les
frais de remplacement et d'entretien des poinçons de garantie, achats de flans et ficelles pour le plombage des sacs de
sucre et achats d'instruments destinés à la vérification de
certains bouilleurs de cru.

Les prévisions budgétaires de 1902 comportant, par
rapport à 1901, une augmentation de 32.000 francs, le chiffre
de 459.380 francs parait suffisant.

CHAPITRE 90. — *Frais de loyers et indemnités de
l'Administration des contributions indirectes.*

Crédit voté en 1901. . . . . 5.746.100 fr.
Crédit voté par la Chambre des Députés et
   proposé au Sénat. 5.746.800
                     En plus . . . .   700 fr.

Cette augmentation porte sur les indemnités de résidence et de logement aux agents attachés aux établissements industriels et à l'entrepôt des sucres d'Arras (Dépense
remboursable à l'État.)

CHAPITRE 91. — *Dépenses diverses.*

Crédit voté en 1901 . . . . 570.300 fr.
Crédit voté par la Chambre des Députés et proposé au Sénat. 497.300
                  En moins. . . .   73.000 fr.

Un crédit de 73.000 francs a été distrait de ce chapitre pour l'application de la loi des douzièmes provisoires, qui a substitué les agents de l'enregistrement à ceux de la Régie pour la perception de certaines redevances domaniales.

Une distraction de 4.140 francs a été opérée, pour la même cause, au chapitre 88.

La réduction totale est ainsi de 77.140 francs.

Le crédit revenant au service de l'enregistrement a été de 76,140 francs, d'où résulte une économie de 1.000 francs.

CHAPITRE 92. — *Achats de tabacs et d'allumettes chimiques, primes et transports.*

Crédit voté en 1901. . . . . 1.182.000 fr.

Crédit voté par la Chambre des Députés et proposé au Sénat. . . . . 1.182.000 fr.

Le crédit demandé sur ce chapitre est le même que le crédit budgétaire de 1901.

Or, 1° sur l'exercice 1900, on avait accordé un crédit supplémentaire de 20.000 francs dont il n'avait pas été tenu compte dans les prévisions de 1901;

2° Sur l'exercice 1901, on a ouvert un crédit additionnel de 15.000 francs.

Nous avons demandé à l'Administration si on s'était préoccupé de ce double fait dans les prévisions de 1902.

Voici sa réponse :

« Ce chapitre comprend certaines dépenses, telles que l'attribution aux verbalisants de la valeur estimative des tabacs et des allumettes saisis et les primes pour arrestation de colporteurs, qui peuvent varier d'une année à l'autre dans des proportions très sensibles, suivant le plus ou moins d'intensité de la fraude et les quantités plus ou moins importantes, ou d'une valeur plus ou moins grande, des matières saisies.

« Ces dépenses essentiellement aléatoires ont pris en 1900 et en 1901 un développement inattendu qui a nécessité l'allocation de crédits supplémentaires. On ne dispose d'aucun élément pour apprécier, si elles se maintiendront au même niveau en 1902 et, dans cette incertitude, il a semblé préférable de s'abstenir de faire état de leur augmentation éventuelle dans les prévisions de 1902. »

CHAPITRE 93. — *Avances recouvrables de l'Administration des contributions indirectes.*

Crédit voté en 1901 . . . . 555.000 fr.

Crédit voté par la Chambre des Députés et proposé au Sénat. . . . . 555.000 fr.

Ce crédit concerne les frais d'administration des octrois gérés par l'Administration. Ils sont remboursés à l'État.

Un crédit supplémentaire de 152.954 francs a été nécessaire en 1901 par suite de l'insuffisance des prévisions budgétaires.

Nous avons demandé à l'Administration pourquoi il n'avait pas été tenu compte de ce crédit pour les prévisions de 1902.

« Il n'est pas possible, a-t-elle répondu, de prévoir dès maintenant si ce chapitre devra nécessiter en 1902 l'allocation d'un crédit supplémentaire et, le cas échéant, quelle en sera l'importance. Les dépenses de l'espèce ne peuvent, en effet, être évaluées à l'avance d'une manière exacte ; elles sont subordonnées, d'une part, au nombre et à l'importance des communes qui peuvent demander à faire gérer leurs octrois par la Régie ou à résilier le traité qui les lie à cette dernière et, d'autre part, au chiffre des recettes qui sont effectuées pour leur compte, les contrats de gestion prévoyant généralement, outre les traitements des agents, le payement de remises proportionnelles aux recettes. »

Il s'agit là, au surplus, de dépenses intégralement remboursables par les communes et qui ne figurent au budget que pour ordre.

CHAPITRE 94. — *Dépenses des tabacs et des poudres à feu en Algérie.*

Crédit voté en 1901. . . . .   42.000 fr.

Crédit voté par la Chambre des Députés . . . .   42.000 fr.

Crédit proposé au Sénat. . . . .   42.000 fr.

Ce chapitre nouveau est la conséquence de la création du budget spécial de l'Algérie.

Aux termes de l'article 4 de la loi du 19 décembre 1900 sur la création de ce budget, les produits du monopole de l'État continuent à être perçus en Algérie pour le compte du budget métropolitain. Rien n'a donc été changé à la vente des tabacs et des poudres. Le budget métropolitain, encaissant le produit de la vente, doit supporter les frais correspondants.

Le crédit de 42.000 a été calculé sur celui de 1901 quoiqu'il ait été nécessaire d'allouer un crédit supplémentaire de 8.000 francs à raison de l'insuffisance des prévisions.

Le Gouvernement déclare se contenter pour 1902 de 42.000 francs voté par la Chambre des Députés. Il eut paru plus prudent d'augmenter les prévisions de 8.000 francs.

MANUFACTURES DE L'ÉTAT

Chapitre 95. — *Personnel.*

Crédit voté en 1901. . . . . 2.223.983 fr.

Crédit demandé par le Gouvernement. . . . 2.241.983 fr.

Crédit voté par la Chambre des Députés. . 2.231.958 fr.
Crédit proposé au Sénat. 2.228.708

En moins sur le vote de la Chambre. . 3.250 fr.

Les différences suivantes ont été adoptées dans les crédits du chapitre :

1° Relèvement du traitement moyen des agents secondaires de la culture du tabac (vérificateurs et remises). . . . . 13.000 fr.

Il y a lieu de ne retenir que les 9/12 de ce crédit. . . . . 9.750 fr

2° Complément de l'augmentation de 16.000 francs accordée en 1901 pour création d'emplois dans le service de la culture des tabacs, mais qu'en raison de la date du vote du budget n'a figuré en 1901 que pour 11.000 francs. Ces emplois sont tous créés et la totalité du crédit est nécessaire. 5.000

Augmentation sur le vote de la Chambre. 14.750 fr.

La Commission du budget a proposé une réduction de 10.025 francs, en supprimant le crédit destiné à payer un supplément colonial aux agents détachés en Algérie. La loi du 26 décembre 1890 avait supprimé d'une manière générale le quart colonial. Celle du 16 avril 1895 l'a rendu facultatif. La Commission a pensé qu'il n'y a pas de raison de traiter d'une manière spéciale les agents que leur service ordinaire oblige à rester quelque temps en Algérie. Le crédit a donc été ramené à 2.231.958 francs.

Le Gouvernement a maintenu sa demande dans le budget rectifié du 17 décembre 1901. Mais la Chambre des Députés a voté le crédit de la Commission et le Gouvernement accepte cette décision.

Elle n'est pas cependant sans inconvénient.

La suppression de l'indemnité coloniale va atteindre des agents qui ne se sont généralement déterminés à aller en Algérie qu'à cause de cette augmentation. Elle équivaut pour eux à une véritable diminution de traitement et peut-être eût-il été préférable, dans le cas où la mesure aurait paru nécessaire, de n'appliquer la réduction, comme en 1891, qu'aux agents nommés depuis cette suppression.

Ces employés vont être les seuls fonctionnaires privés du quart colonial. Les agents des autres services détachés en Algérie du cadre métropolitain (contributions diverses, enregistrement, etc.) doivent continuer, comme par le passé, à recevoir, sur le budget spécial de l'Algérie, l'indemnité dont il s'agit. Cette infériorité de traitement appliquée aux employés des douanes rattachés au service métropolitain pour des motifs de service général est peu justifiable. Ces agents ne sont pas nombreux. Ils ont pour mission d'acheter les tabacs en feuilles produits par la colonie et de les faire manutentionner afin de les envoyer en France prêts à la fabrication. C'est un service qui doit rester rattaché à l'administration centrale. Il a une sérieuse importance puisque les dépenses d'achat dépassent 2 millions de francs. C'est de bonne administration de ne pas déranger des agents dont le zèle peut déterminer les conditions plus ou moins favorables des achats.

Malgré ces raisons, votre Commission ne croit pas avoir à imposer au Ministre un relèvement qu'il ne sollicite pas.

Chapitre 96. — *Gages et salaires.*

Crédit voté en 1901 . . . . 20.020.000 fr.
Crédit voté par la Chambre des Députés et
    proposé au Sénat. 20.801.000
        En plus . . . . 781.000 fr.

Les dépenses de ce chapitre s'accroissent d'une manière continue. De 18 millions en 1894, elle sont arrivées en 1902 à près de 21 millions. Cet accroissement a deux causes :

La première vient de l'augmentation constante de la fabrication portée depuis 1895, pour les tabacs, de 36 à 39 millions de kilogrammes, et pour les allumettes, de 30 à 38 milliards d'allumettes.

La seconde, des améliorations apportées au traitement des agents. En 1890, 1.413 agents recevaient en gages et salaires 1.057.052 fr. 63. En 1899, 2.151 agents recevaient 2.777.869 fr. 22. La moyenne des salaires est donc pendant cette période : pour les hommes de 4,40 à 6,09 et pour les femmes de 2,85 à 4,41.

En 1900, les dépenses des gages et salaires ont atteint 20.825.000 francs, savoir ; 18.014.000 francs pour les tabacs et 2.811.000 francs pour les allumettes.

Ce sont ces chiffres qui auraient pu être inscrits comme prévisions pour 1902. On a bien pris, pour les tabacs, le chiffre de 18.014.000 francs. Mais celui des allumettes a été ramené à 2.787.000 francs, par le motif que la fabrication dépassant la consommation, il a semblé plus exact de prendre pour base les dépenses réelles de 1901, qui sont de 2.787.000 francs.

Mais ce ne sont là que des évaluations hypothétiques. Quand les fabrications augmentent, pour répondre aux besoins du service, il faut allouer des crédits supplémentaires. Le cas se présente très fréquemment.

En 1900, ces crédits se sont élevés à 2.500.000 francs et en 1901 à 1.230.000 francs.

Par rapport à l'exercice 1901, le chiffre demandé pour 1902 est supérieur de 781.000 francs. L'administration estime qu'il a été tenu suffisamment compte des crédits additionnels, parce que le recrutement des cigarières est rigoureusement suspendu depuis un an.

Un amendement portant réduction de 100 francs à titre d'indication a été déposé à la Chambre des Députés pour inviter le Gouvernement à donner de plus grandes garanties d'impartialité dans le recrutement des ouvriers et ouvrières. Il a été retiré après les explications du Commissaire du Gouvernement.

Un autre amendement également indicatif de 100 francs a été déposé dans le but de faire supprimer le paquetage hydraulique du scaferlati. Il a été également retiré.

Chapitre 97. — *Pensions de retraites des préposés et des ouvriers.*

Crédit voté en 1901	1.391.300 fr.
Crédit voté par la Chambre des Députés et proposé au Sénat.	1.518.680 fr.
En plus.	127.380 fr.

Cette différence s'explique ainsi :

1° Majorations. — Les gages et salaires sont prévus pour 20.801.000 francs. Les majorations correspondantes s'élèvent dès lors, à raison de 4 0/0, à 832.040 francs, soit une augmentation par rapport au budget de 1901, de. . . . . 31.240 fr.

2° Supplément destiné à permettre de faire face au développement normal des pensions. 96.140

127.380 fr.

Un crédit supplémentaire de 97.000 francs a été nécessaire pour 1901. On estime qu'au moyen de l'augmentation de 127.380 francs demandée pour 1902, le service sera complètement assuré.

Il a été proposé à la Chambre des Députés une résolution portant que la retraite proportionnelle serait accordée aux ouvriers après vingt ans de service. Combattue par le Gouvernement, elle a été repoussé par 339 voix contre 251.

CHAPITRE 98. — *Institutions destinées à améliorer la situation des préposés et ouvriers.*

Crédit voté en 1901 . . . . 692.000 fr.

Crédit voté par la Chambre des Députés et proposé au Sénat . . . . 692.000 fr.

CHAPITRE 99. — *Matériel.*

Crédit voté en 1901. . . . . 4.800.000 fr.
Crédit voté par la Chambre des Députés. . . 5.215.000
En plus. . . . . 415.000 fr.

Cette augmentation s'applique pour 200.000 francs à la première annuité du prix d'achat de l'outillage mécanique de la manufacture d'Issy. Elle a été acceptée par la Commission de la Chambre des Députés.

Elle concerne ensuite, pour le surplus, la hausse du prix des matières premières servant à la fabrication (papiers, cartons, combustibles). La Commission de la Chambre des Députés ne méconnait pas cette hausse qui est constatée d'ailleurs par les récentes adjudications, mais elle estime que les procédés suivis par l'administration pour les achats ne sont pas les plus avantageux qu'on puisse trouver et elle a réduit le crédit de 100.000 francs, dans la pensée que de nouveaux marchés mieux préparés offriraient cette économie au Trésor.

L'administration ne demande pas le relèvement du crédit : elle estime qu'elle pourra faire face, en 1902, à tous les besoins de l'exercice, et qu'elle n'aura pas à recourir, comme l'année dernière, à un crédit supplémentaire qui s'est élevé à 525.000 francs.

Chapitre 100. — *Bâtiments.*

Crédit voté en 1901. . . . . 746.400 fr.
Crédit voté par la Chambre des Députés et proposé au Sénat. . . . . 446.400 fr.

En moins. . . . . 300.000 fr.

Le crédit de 1901 comprenait une somme de 340.000 fr. pour l'achèvement de la construction de la manufacture d'Orléans. Cette dépense ne se reproduit pas en 1902.

Mais il y a lieu de prévoir pour le remboursement des retenues de garantie afférentes à cette entreprise une somme de 60.000 francs, diminuée de 20.000 francs, à économiser sur l'article 3 du chapitre (acquisitions et additions de bâtiments).

La diminution totale du chapitre est ainsi de 300.000 fr.

Chapitre 101. — *Constructions nouvelles.*

Crédit voté en 1901 . . . . 1.000.000 fr.

Crédit proposé par le Gouvernement. . . . . 940.000 fr.

Crédit voté par la Chambre des Députés et proposé au Sénat. . . . . 665 000 fr.

Le crédit de 940.000 francs s'appliquait :

1° A la construction de la manufacture d'Issy (3° campagne) . . . . 540.000 fr.

2° A la construction d'un bâtiment où seront concentrés le service de l'expertise, le service central des constructions, l'école d'application et le laboratoire (1ʳᵉ campagne) . . . 400.000

Mais la Commission du budget a repoussé ce dernier crédit, jusqu'à réception des projets et devis réclamés. Le Gouvernement, dans son projet de budget rectifié du 17 décembre 1901, a accepté la réduction.

L'Administration a été autorisée législativement, le 5 février 1901, à construire deux nouvelles manufactures, l'une à Aubervilliers, et l'autre à Marseille. Aucun crédit n'était demandé pour cet objet en 1902.

Cependant une dépense de 300.000 francs jugée nécessaire pour la première campagne avait fait l'objet d'une demande de crédit supplémentaire qui n'a pu être voté en temps utile sur l'exercice 1901.

Aucun crédit n'avait été non plus demandé dans le budget de 1902.

La Chambre des Députés, sur le dépôt d'un amendement, et d'accord avec le Gouvernement, a alloué une somme de 125.000 francs qui, ajoutée à un reliquat de 175,000 francs resté sur la construction de la manufacture d'Issy, permettra d'employer, en 1902, 300,000 francs au commencement des travaux qui sont véritablement urgents à Marseille et à Aubervilliers.

CHAPITRE 102. — *Dépenses diverses.*

Crédit voté en 1901. . . . . 375.250 fr.

Crédit voté par la Chambre des Députés et
    proposé au Sénat. . . . . 375.250 fr.

Sans observations.

CHAPITRE 103. — *Avances recouvrables.*

Crédit voté en 1901. . . . . 225.000 fr.

Crédit voté par la Chambre des Députés et pro-
    posé au Sénat. . . . . 240.000 fr.

Il s'agit des indemnités à payer aux tiers (experts ou
indicateurs).

L'évaluation est faite d'après l'importance probable de
la récolte des tabacs pendant 1902. Mais la dépense est
remboursée à l'État par la retenue de un centime par kilogramme de tabacs achetés aux planteurs. (Importance de la
récolte : 24 millions de kilogrammes; retenue de un
centime par kilogramme : 240.000 fr.)

CHAPITRE 104. — *Achats et transports.*

Crédit voté en 1901. . . . . 55.375.000 fr.

Crédit voté par la Chambre des Députés et
    proposé au Sénat. . . . . 58.165.000 fr.

Les crédits alloués au titre des achats et transports sont
calculés, suivant la règle existante adoptée pour l'évaluation

des frais de régie, d'après les résultats de la dernière année au moment de la préparation du projet de budget.

Mais comme les besoins de l'administration varient extrêmement dans le cours d'un même exercice, suivant la qualité de la recolte des tabacs indigènes, la variation du prix et le mouvement des consommations, il en résulte que les prévisions sont le plus souvent inexactes et que de fréquents crédits supplémentaires sont nécessaires.

C'est ainsi qu'en 1900, ces crédits additionnels se sont élevés à 4.207.000 francs, et qu'en 1901, il a fallu en voter un de 3 millions de francs.

Les prévisions pour 1902 ont été établies d'après les dépenses réelles de 1900 qui comprennent le crédit supplémentaire de 4.207.000 francs dont il vient d'être parlé. Elles dépassent de 3 millions le chiffre voté en 1901 pour lequel il a fallu précisément allouer le crédit additionnel de 3 millions.

On peut présumer, dans ces conditions, que sauf les événements imprévus, la dotation sera suffisante.

La Commission du budget n'a fait subir, sur la demande du Gouvernement, qu'un retranchement de 10.000 francs, pour marquer le désir de voir augmenter l'importance des achats aux planteurs indigènes Le Gouvernement a maintenu sa demande primitive dans le budget rectifié du 17 décembre 1901. Mais le crédit proposé par la Commission a été voté par la Chambre des Députés et le relèvement n'en est pas demandé par le Ministre.

Remboursements et restitutions.

CHAPITRE 105. — *Dégrèvements et non-valeurs sur contributions directes et taxes y assimilées y compris les taxes additionnelles pour fonds de garanties* (France et Algérie).

Crédit voté en 1901 . . . . 20.000.000 fr.

Crédit voté par la Chambre des Députés et
    proposé au Sénat . . . . 20.000.000 fr.

Ce crédit s'applique, d'une part, aux dégrèvements réimposables et, d'autre part, aux dégrèvements non réimposables provenant principalement de démolition, indigence, exemptions temporaires pour reboisements ou replantations de vignes, incendies, inondations, orages, grêle, etc., maladies de la vigne, vacances de maisons ou d'usines, etc.

Ce crédit est à peine suffisant pour faire face aux besoins ordinaires et on est souvent conduit à l'augmenter par des crédits distincts.

Voici la statistique des dernières années.

Exercices	Crédits de la loi de finances.	Crédits supplémentaires.	Payements.	
1897	20.660.000 fr.	3.000.000 fr. (1)	23.572.532 fr.	84
1898	19.910.000	»	19.806.905	10
1899	20.000.000	1.600.000 (2)	21.333.110	38
1900	20.000.000	»	19.861.351	10

(1) Crédit spécial pour dégrèvements aux victimes d'orages, grêle, sinistres, etc.

(2) Même motif.

L'article 2 du projet de la loi de finances alloue un dégrèvement d'office aux contribuables qui ont subi une augmentation de leur cote mobilière du fait de la loi du 10 juillet 1901.

Ce dégrèvement atteindra certainement une somme considérable; on l'évalue à 3.600.000 francs, mais il ne sera pas réalisé par les ressources du chapitre 106. On propose de l'opérer, comme cela a déjà eu lieu pour le dégrèvement des petites cotes (loi du 21 juillet 1897), par une diminution du produit des contributions directes.

Chapitre 106. — *Remboursements sur produits indirects et divers en France.*

· Crédit voté en 1901. . . . .   6.000.000 fr.

Crédit voté par la Chambre des Députés et
proposé au Sénat. . . . .   6.000.000 fr.

Divers crédits supplémentaires ont été alloués sur l'exercice 1901. Mais ils avaient pour objet des restitutions basées sur des faits exceptionnels, dont il n'y avait pas lieu de tenir compte pour 1902.

D'autres crédits sollicités n'ont pas été votés et il faudra payer en 1902 les dépenses auxquelles ils s'appliquent. L'administration cependant ne demande pas le relèvement du crédit et elle en donne le motif suivant :

« A la vérité, l'exercice 1902 aura à supporter les conséquences d'une insuffisance budgétaire résultant de la régularisation des dépenses auxquelles les crédits demandés et non votés en 1901 étaient destinés à faire face. Mais les dépenses du service courant peuvent ne pas atteindre, en 1902, pour l'ensemble du chapitre intéressé, le chiffre moyen sur lequel sont basées les prévisions budgétaires. Il ne semble donc pas qu'il y ait lieu, dans ces conditions, de solliciter dès maintenant, au titre de l'exercice 1902, une majoration de crédits qui serait susceptible de devenir ultérieurement inutile, soit en totalité, soit en partie. »

CHAPITRE 107. — *Remboursements pour décharge de responsabilité en cas de force majeure et débets admis en surséance indéfinie.*

Crédit voté en 1901. . . . . 40.000 fr.

Crédit voté par la Chambre des Députés et proposé au Sénat. . . . . 40.000 fr.

CHAPITRE 108. — *Répartition de produits d'amendes, saisies et confiscations attribuées à divers en France et en Algérie.*

Crédit voté en 1901. . . . . 5.513.000 fr.

Crédit voté par la Chambre des Députés et proposé au Sénat. . . . . 5.513.000 fr.

Pour 1900, le crédit voté était de. . . . 5.613.000 fr.
Mais la loi du 29 mars 1901 a annulé. . 300.000

Ce qui a réduit le crédit à. . . . . 5.313.000 fr.

Les dépenses réelles se sont élevées à. . 5.270.367 fr.

La prévision de 1902 serait donc plutôt supérieure qu'inférieure aux besoins.

Chapitre 109. — *Primes à l'exportation de marchandises.*

Crédit voté en 1901. . . . . 60.000 fr.

Crédit voté par la Chambre des Députés et proposé au Sénat . . . . 60.000 fr.

Ce chapitre se rapporte aux primes données à l'exportation des viandes et beurres salés.

Chapitre 110. — *Remboursements partiels à opérer en exécution de l'article 10 de la loi du 11 janvier 1892.*

Crédit voté en 1901. . . . . 700.000 fr.

Crédit voté par la Chambre des Députés et proposé au Sénat. . . . . 700.000 fr.

Le crédit est destiné à rembourser partiellement, à forfait, lors de l'exportation des tissus de coton, les droits
perçus temporairement à l'entrée sur les fils de coton ayant
servi à leur fabrication.

CHAPITRES SPÉCIAUX		SERVICES DU MINISTÈRE DES FINANCES	CRÉDITS votés par la Chambre des Députés	CRÉDITS proposés par la Commission du Sénat	DIFFERENCES	
Chambre des Députés	Sénat				AUGMENTATIONS de crédit	DIMINUTIONS de crédit
			fr.	fr.	fr.	fr.
		1re PARTIE. — Dette publique.				
		DETTE CONSOLIDÉE				
1	1	Rentes 3 1/2 0/0 (Loi et décret du 17 janvier 1894). . .	237.388.289	237.388.289	»	»
2	2	Rentes 3 0/0 (Loi et ordonnance du 1er mai 1825). . .	438.254.770	444.217.270	5.962.500	»
		Total.	675.643.059	681.605.559	5.962.500	»
		DETTE REMBOURSABLE A TERME OU PAR ANNUITÉS				
3	3	Rentes 3 0/0 amortissables par annuités (Loi du 11 juin 1878 ; décret du 16 juillet 1878)	138.150.903	138.150.903	»	»
»	»	Annuité de conversion de l'emprunt Morgan (Loi du 31 mai 1875 ; décret du 5 juin 1875 ; lois des 26 décembre 1892 et 28 décembre 1895).	»	»	»	»
4	4	Amortissement de la rente 3 0/0 (Annuité à la Caisse des dépôts et consignations).	37.492.006	37.492.006	»	»
5	5	Intérêts des obligations à court terme pour le compte spécial de perfectionnement de l'armement (Loi du 17 février 1898).	4.908.800	4.908.800	»	»
6	6	Annuités aux Compagnies de chemins de fer pour garanties d'intérêts de 1871 et 1872.	2.482.303	2.482.303	»	»
7	7	Annuité à la Compagnie des chemins de fer de l'Est (Loi du 17 juin 1873).	20.500.000	20.500.000	»	»
8	8	Annuité à la Compagnie des chemins de fer de Paris-Lyon-Méditerranée (Loi du 18 février 1898).	2.546.000	2.546.000	»	»
9	9	Annuité à la Compagnie des chemins de fer d'Orléans pour les lignes échangées entre elle et l'Etat. . . .	2.348.000	2.348.000	»	»
»	»	Remboursement, par annuités, des avances faites pour la liquidation des caisses de chemins vicinaux et des lycées, collèges et écoles primaires.	»	»	»	»
»	»	Remboursement, par annuités, des dépenses de l'expédition de Madagascar et de l'expédition de Siam. . .	»	»		
10	10	Remboursement de la dette du Trésor vis-à-vis de la Caisse des dépôts et consignations au 1er janvier 1902	48.265.038	48.265.038	»	»
11	11	Remboursement à la dette flottante des avances faites pour la liquidation des caisses des chemins vicinaux et des lycées, collèges et écoles primaires	3.728.173	3.728.173	»	»
12	12	Annuité pour construction destinée au service de l'intendance.	24.250	24.250	»	»
13	13	Redevance annuelle envers l'Espagne pour droit de dépaissance sur les deux versants de la frontière des Pyrénées.	16.500	16.500	»	»
14	14	Annuités aux Compagnies de chemins de fer.	41.829.977	41.829.977	»	»
15	15	Rachat de concessions de canaux (Lois des 28 juillet et 1er août 1860 et 20 mai 1863)	297.027	297.027	»	»
16	16	Arrérages de cartelles appartenant à des établissements ecclésiastiques de la Savoie.	9.900	9.900	»	»
17	17	Intérêts de la dette flottante du Trésor	15.528.500	15.410.500	»	118.000
18	18	Intérêts de capitaux de cautionnements.	6.690.000	6.690.000	»	»
		Total de la Dette remboursable à terme ou par annuités	324.817.377	324.699.377	»	118.000

CHAPITRES SPÉCIAUX		SERVICES DU MINISTÈRE DES FINANCES	CRÉDITS votés par la Chambre des Députés	CRÉDITS proposés par la Commission du Sénat	DIFFÉRENCES	
Chambre des Députés	Sénat				AUGMENTATIONS de crédits	DIMINUTIONS de crédits
			fr.	fr.	fr.	fr.
		1re PARTIE. — Dette publique (Suite).				
		DETTE VIAGÈRE				
19	19	Pensions civiles (Lois des 22 août 1790, 19 frimaire an VII, 25 mars 1817, 4 septembre 1835, 21 mars 1838, 5 mai 1847, 29 juin 1848, 9 août 1848, 7 juin 1853, art. 32 de la loi du 9 juin 1853, 12 février 1855, 18 mai 1858 et 16 avril 1859, 31 mars 1859, 20 avril 1859, sénatus-consulte du 12 juin 1860, lois des 20 mai 1863, 15 septembre 1871, 1er mars 1872, 22 mars 1872, 15 juin 1872, 3 août 1875, 12 août 1876, 20 juin 1878, 15 juillet 1879, 30 décembre 1880, 22 août 1881, 11 mai 1883, 2 août 1883, 14 août 1885, 14 novembre 1886, 25 juillet 1888, 29 avril 1889, 3 juin 1890, 10 mars 1891, 13 avril 1893, 29 décembre 1894, 27 novembre 1897 et 12 janvier 1900).	630.692	630.692	»	»
20	20	Rentes viagères d'ancienne origine (Loi du 23 floréal an XI).	790	790	»	»
21	21	Pensions de donataires dépossédés (Loi du 26 juillet 1821).	190.000	190.000	»	»
22	22	Pensions militaires de la guerre (Lois des 11 avril 1831, 26 avril 1855, 25 juin 1861, 10 juillet 1874, 13 mars 1875, 22 juin 1878, 5-18 août 1879, décret du 8 mai 1880, lois des 23 juillet 1881 et 16 mars 1882).	98.350.000	98.350.000	»	»
23	23	Pensions militaires de la marine (Lois du 18 avril 1831, ordonnance du 3 octobre 1844, lois des 24 novembre 1848 et 26 avril 1855, décret du 4 août 1855, lois des 26 avril et 21 juin 1856, 26 juin 1861, 26 juin 1862 et 18 avril 1869, décret du 8 novembre 1872, lois des 21 juin 1878, 5 et 8 août 1879 et 22 mars 1885, art. 9).	38.400.000	38.400.000	»	»
24	24	Secours aux pensionnaires de l'ancienne liste civile des rois Louis XVIII et Charles X (Loi du 8 avril 1834).	850	850	»	»
25	25	Pensions et indemnités viagères de retraite aux employés de l'ancienne liste civile et du domaine privé du roi Louis-Philippe (Lois des 23 juin 1835 et 8 juillet 1852, décrets des 13 et 25 juin 1853).	4.108	4.108	»	»
26	26	Pensions à titre de récompense nationale (Loi du 13 juin 1850).	42.475	42.475	»	»
27	27	Traitements viagers des membres de l'Ordre de la Légion d'honneur et médaillés militaires.	11.046.830	11.046.330	»	»
28	28	Pensions civiles (Loi du 9 juin 1853).	81.600.000	81.600.000	»	»

CHAPITRES SPÉCIAUX		SERVICES DU MINISTÈRE DES FINANCES	CRÉDITS VOTÉS par la Chambre des Députés	CRÉDITS PROPOSÉS par la Commission du Sénat	DIFFÉRENCES	
Chambre des Députés	Sénat				AUGMENTATIONS de crédits	DIMINUTIONS de crédits
			fr.	fr.	fr.	fr.
		1re PARTIE. — Dette publique (Suite).				
		DETTE VIAGÈRE (Suite).				
29	29	Pensions des grands fonctionnaires (Loi du 17 juillet 1856).	69.000	69.000	»	»
30	30	Pensions ecclésiastiques sardes (Convention internationale du 23 août 1860 et décret du 21 novembre 1860).	9.121	9.121	»	»
31	31	Anciens dotataires du Mont-de-Milan (Décret du 18 décembre 1861).	192.000	192.000	»	»
»	»	Annuité à la Caisse des dépôts et consignations pour le service des suppléments de pension aux anciens militaires ou marins et à leurs veuves (Loi du 16 août 1881).	»	»	»	»
32	32	Suppléments de pension aux anciens militaires ou marins et à leurs veuves.	5.200.000	5.200.000	»	»
33	33	Indemnités viagères aux victimes du coup d'État du 2 décembre 1851 (Loi du 30 juillet 1881).	3.500.000	3.500.000	»	»
34	34	Pensions et indemnités de réforme de la magistrature (Loi du 30 août 1883).	722.383	722.383	»	»
35	35	Indemnités aux anciens professeurs des facultés de théologie catholique (Loi du 27 juin 1885).	39.157	39.157	»	»
»	»	Secours éventuels aux ministres des cultes.	»	»	»	»
36	36	Pensions viagères aux survivants des blessés de février 1848, à leurs ascendants, veuves ou orphelins (Loi du 18 avril 1888).	101.420	101.420	»	»
37	37	Part contributive de l'État dans les pensions civiles de la Préfecture de la Seine et de la Préfecture de police, en raison des services militaires des anciens sous-officiers (Décret du 11 juin 1881).	3.000	3.000	»	»
38	38	Allocations supplémentaires : 1° aux officiers, sous-officiers, soldats et assimilés des armées de terre et de mer et aux veuves, retraités sous les régimes antérieurs aux lois des 22 juin 1878, 5 août 1879, 23 juillet 1881 et 8 août 1883 ; 2° aux agents de tous grades du service actif des douanes et aux veuves de ces agents, retraités antérieurement à la loi du 26 février 1887 ; 3° aux agents forestiers énumérés à l'article unique de la loi du 4 mai 1892, ainsi qu'à leurs veuves, retraités avant l'application de cette dernière loi ; 4° aux gardes d'artillerie, contrôleurs d'armes, adjoints du génie, chefs et sous-chefs ouvriers d'État, archivistes d'état-major, ainsi qu'à leurs veuves, retraités sous les régimes antérieurs à la loi du 15 novembre 1890.	4.806.540	4.806.540	»	»
		TOTAL de la dette viagère.	244.908.766	244.908.766	»	»
		TOTAL de la première partie.	1.245.369.202	1.251.213.702	5.962.500	118.000

CHAPITRES SPÉCIAUX		SERVICES DU MINISTÈRE DES FINANCES	CRÉDITS votés par la Chambre des Députés	CRÉDITS PROPOSÉS par la Commission du Sénat	DIFFÉRENCES	
Chambre des Députés.	Sénat				AUGMENTATIONS de crédits	DIMINUTIONS de crédits
			fr.	fr.	fr.	fr.
		2° PARTIE. — Pouvoirs publics.				
39	39	Dotation du Président de la République.	600.000	600.000	»	»
40	40	Frais de maison du Président de la République. . . .	300.000	300.000	»	»
41	41	Frais de voyage, de déplacement et de représentation du Président de la République.	300.000	300.000	»	»
42	42	Dépenses administratives du Sénat et indemnités des Sénateurs.	4.600.000	4.600.000	»	»
43	43	Dépenses administratives de la Chambre des Députés et ndemnités des Députés.	7.792.600	7.792.600	»	»
		TOTAL de la 2ᵉ partie	13.592.600	13.511.600	»	»
		3° PARTIE. — Services généraux des Ministères.				
44	44	Traitement du Ministre et Personnel de l'Administration centrale du Ministère.	3.514.500	3.514.500	»	»
45	45	Inspection générale des finances.	855.600	855.600	»	»
46	46	Personnel central des administrations financières . . .	1.622.930	1.622.930	»	»
47	47	Indemnités diverses.	44.850	44.850	»	»
48	48	Matériel de l'Administration centrale.	569.580	569 580	»	»
49	49	Impressions.	2.198.400	2.198.400	»	»
50	50	Dépenses diverses de l'Administration centrale.	198.000	198.000	»	»
51	51	Frais de trésorerie	10.000	10.000	»	»
52	52	Traitements fixes des trésoriers-payeurs généraux et du receveur central de la Seine.	1.044.000	1.202.000	158.000	»
53	53	Frais de personnel et de matériel des trésoreries générales et de la recette centrale de la Seine.	3.982.000	3.982.000	»	»
54	54	Traitements fixes des receveurs particuliers des finances.	655.200	655.200	»	»
55	55	Commissions et indemnités aux receveurs particuliers des finances, comprenant les frais de personnel et de matériel à leur charge	2.450.000	2.450.000	»	»
56	56	Service du Trésor en Tunisie	47.000	47.000	»	»
57	57	Personnel de la Cour des comptes.	1.516.600	1.516.600	»	»
58	58	Matériel et dépenses diverses de la Cour des comptes.	50.000	50.000	»	»
59	59	Laboratoires. — Personnel.	331.500	331.500	»	»
60	60	Laboratoires. — Matériel et dépenses diverses.	142.200	142.200	»	»
61	61	Dépenses des exercices périmés non frappées de déchéance	211.000	211.000	»	»
62	62	Dépenses des exercices clos	Mémoire.	Mémoire.	»	»
		TOTAL de la 3ᵉ partie	19.443.360	19.601.360	158.000	»

CHAPITRES SPÉCIAUX		SERVICES DU MINISTÈRE DES FINANCES	CRÉDITS votés par la Chambre des Députés	CRÉDITS PROPOSÉS par la Commission du Sénat	DIFFÉRENCES	
Chambre des Députés	Sénat				AUGMENTATIONS de crédits	DIMINUTIONS de crédits
			fr.	fr.	fr.	fr.
		4e PARTIE. — Frais de régie, de perception et d'exploitation des impôts et revenus publics.				
63	63	Personnel de l'administration des contributions directes.	4.201.500	4.197.750		3.750
64	64	Dépenses diverses de l'administration des contributions directes..............................	1.596.700	1.596.700	»	»
65	65	Frais relatifs aux rôles des contributions directes. . .	1.272.580	1.272.580	»	»
66	66	Frais relatifs à l'application de la loi du 21 juillet 1897 (Remises sur la contribution foncière des propriétés non bâties)........................	150.000	150.000	»	»
67	67	Frais relatifs aux rôles des taxes assimilées.	914.400	914.400	»	»
68	68	Frais de fabrication des plaques de vélocipèdes. . . .	25.000	25.000	»	»
69	69	Frais de distribution des avertissements.	489.550	489.550	»	»
70	70	Personnel du service du cadastre.	67.110	67.110	»	»
71	71	Subventions, triangulations; matériel et dépenses diverses (Cadastre).	222.310	222.310	»	»
72	72	Mutations cadastrales.	640.000	640.000	»	»
»	»	Dépenses relatives à l'évaluation du revenu net des propriétés non bâties et à la revision décennale du revenu net des propriétés bâties.	»	»	»	»
73	73	Dépenses relatives à l'évaluation du revenu net des propriétés bâties	10.000	10.000	»	»
74	74	Remises proportionnelles des percepteurs. Indemnités aux percepteurs surnuméraires et frais divers. . . .	11.098.000	11.098.000	»	»
75	75	Indemnités et secours aux porteurs de contraintes. . .	375.000	375.000	»	»
76	76	Frais de perception des amendes et condamnations pécuniaires	245.000	245.000	»	»
77	77	Frais de perception des centimes communaux des impositions pour les bourses et chambres de commerce et des taxes additionnelles pour fonds de garantie.	6.506.447	6.506.447	»	»
78	78	Secours renouvelables aux anciens percepteurs, à leurs veuves et orphelins et secours accidentels.	200.000	200.000	»	»
79	79	Personnel de l'administration de l'enregistrement, des domaines et du timbre.	15.855.910	15.832.010	»	23.900
80	80	Personnel de l'atelier général du timbre.	255.000	252.900	»	1.100
81	81	Matériel de l'administration de l'enregistrement, des domaines et du timbre.	163.800	163.800	»	»
82	82	Matériel de l'atelier général du timbre.	633.000	651.160	»	1.840
83	83	Dépenses diverses de l'administration de l'enregistrement, des domaines et du timbre.	1.892.340	1.892.340	»	»
84	84	Personnel de l'administration des douanes.	30.783.542	30.783.542	»	»
85	85	Matériel de l'administration des douanes.	452.580	452.580	»	»
86	86	Construction d'une caserne des douanes à Marseille. .	1.500.000	1.500.000	»	»
87	87	Dépenses diverses [de l'administration des douanes. .	1.355.600	355.600	»	»
»	»	Frais relatifs à l'exécution du service de la douane à l'Exposition universelle.	»	»	»	
88	88	Personnel de l'administration des contributions indirectes.	33.158.050	33.121.950	»	36.100
89	89	Matériel de l'administration des contributions indirectes	489.380	489.380	»	»
90	90	Frais de loyer et indemnités de l'administration des contributions indirectes.	5.746.800	5.746.800	»	»
91	91	Dépenses diverses de l'administration des contributions indirectes.	497.300	497.300	»	»

CHAPITRES SPÉCIAUX		SERVICES DU MINISTÈRE DES FINANCES	CRÉDITS VOTÉS par la Chambre des Députés	CRÉDITS PROPOSÉS par la Commission du Sénat	DIFFÉRENCES AUGMENTATIONS de crédits	DIFFÉRENCES DIMINUTIONS de crédits
Chambre des Députés	Sénat					
		4e PARTIE. — Frais de régie, de perception et d'exploitation des impôts et revenus publics (Suite).	fr.	fr.	fr.	fr.
92	92	Achats de tabacs et d'allumettes chimiques, primes et transports de l'administration des contributions indirectes..	1.182.000	1.182.000	»	»
93	93	Avances recouvrables par l'administration des contributions indirectes.	555.000	555.000	»	»
94	94	Dépenses des tabacs et des poudres à feu en Algérie. .	42.000	42.000	»	»
»	»	Construction d'un entrepôt des]poudres et des tabacs à Alger	»	»	»	»
95	95	Personnel de l'administration des manufactures de l'Etat.	2.231.958	2.228.708	»	3.250
96	96	Gages et salaires de l'administration des manufactures de l'Etat.	20.801.000	20.801.000	»	»
97	97	Pensions de retraite des préposés et des ouvriers des manufactures de l'Etat.	1.518.680	1.518.680	»	»
98	98	Institutions destinées à améliorer la situation des préposés et des ouvriers des manufactures de l'Etat.	692.000	692.000	»	»
99	99	Matériel de l'administration des manufactures de l'État.	5.215.000	5.215.000	»	»
100	100	Bâtiments des manufactures de l'État.	446.400	446.400	»	»
101	101	Constructions nouvelles des manufactures de l'État. .	665.000	665.000	»	»
102	102	Dépenses diverses de l'administration des manufactures de l'Etat.	375.250	375.250	»	»
103	103	Avances recouvrables par l'administration des manufactures de l'Etat.	240.000	240.000	»	»
104	104	Achats et transports.	58.165.000	58.165.000	»	»
		Total de la 4e partie	212.946.187	212.876.247	»	69.940
						En moins : 69.940
		5e PARTIE. — Remboursements et restitutions, non-valeurs et primes.				
105	105	Dégrèvements et non-valeurs sur contributions directes et taxes y assimilées, y compris les taxes additionnelles pour fonds de garantie (France et Algérie). .	20.000.000	20.000.000	»	»
106	106	Remboursements sur produits indirects et divers en France et en Algérie.	6.000.000	6.000.000	»	»
107	107	Remboursements pour décharge de responsabilité en cas de force majeure et débets admis en surséance indéfinie.	40.000	40.000	»	»
108	108	Répartition de produits d'amendes, saisies et confiscations attribués à divers en France et en Algérie.	5.513.000	5.513.000	»	»
109	109	Primes à l'exportation de marchandises	60.000	60.000	»	»
110	110	Remboursements partiels à opérer en exécution de l'article 10 de la loi du 11 janvier 1892 (France et Algérie.	700.000	700.000	»	»
		Total de la 5e partie	32.313.000	32.313.000	»	»

RÉCAPITULATION

			CRÉDITS VOTÉS par la Chambre des Députés	CRÉDITS PROPOSÉS par la Commission du Sénat	AUGMENTATIONS de crédits	DIMINUTIONS de crédits
		1re Partie. — Dette publique.	1.245.369.202	1.251.213.702	5.962.506	118.000
		2e Partie. — Pouvoirs publics	13.551.600	13.551.600	»	»
		3e Partie. — Services généraux des Ministères.	19.443.360	19.601.360	158.000	»
		4e Partie. — Frais de régie, de perception et d'exploitation des impôts et revenus publics.	212.946.187	212.876.247	»	»
		5e Partie. — Remboursements et restitutions, non-valeurs et primes	32.313.000	32.313.000	»	»
		Total pour le Ministère des Finances.	1.523.530.849	1.529.596.909	6.120.500	187.940
						En plus : 5.932.760

59569

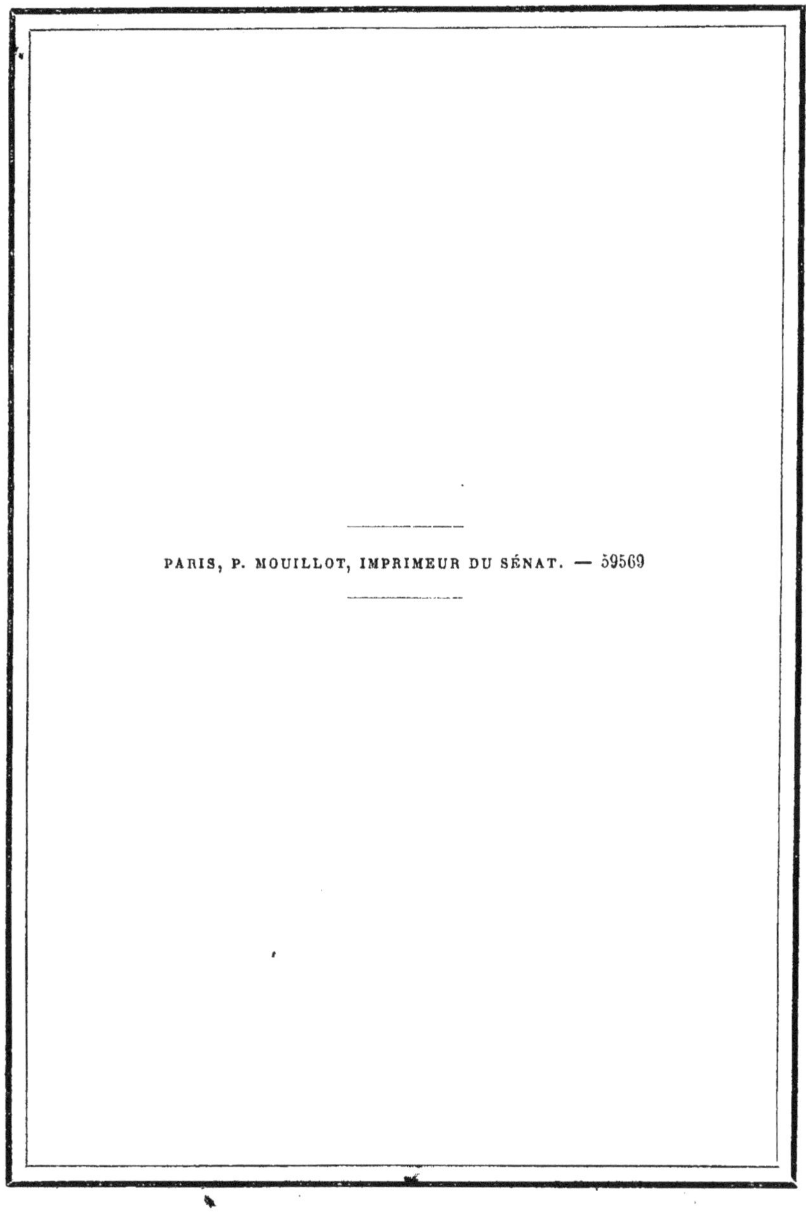

PARIS, P. MOUILLOT, IMPRIMEUR DU SÉNAT. — 59569